# COMMERCIAL GERMAN • ARNOLD KUTNER

## Publisher's Note

Erste Stnfe

Erste Übung i. teseftücl lKui« 8«nx)

Herr Vrünn ist Uaufmann; er hat ein Wäschegeschäft für Herren. Herr Vrünn hat einen laden; in dem laden sind viele Gestelle für Ware, zwei lange Laden-tische, das Oult für den Aafsierer und ötühle für die Aunden. Hinter dem laden 5 ist das «omptoir.

Herr Vrünn hat drei Verkäufer, einen Uassierer und einen Buchhalter. Die Verkäufer verkaufen die waren, welche Herr Vrünn führt: Hemden, Uragen, Manschetten, Taschentücher u. s. w. Der Uassierer nimmt das Geld für , diese waren und giebt das Uleingeld heraus und der Vuchhalter führt die Vücher.

Zweite Übung 5 teseftüct

Herr Vrünn hat viele Runden. Sein Vater, welcher auch Kaufmann war, hatte dasselbe Geschäft zehn Jahre lang. Das Haus Wilhelm Vrünn sc To. ist de-shalb schon alt und ist gut bekannt. Man weiß, daß dieses Haus immer zuver 5 lässig war und daß Herr Vrünn ehrlich ist und nur gute Sachen führt; auch sind seine waren billig. Sein Freund, Herr (Vtto Müller, hat eine bedeutende Fabrik und ein reichhaltiges lager von Wäsche in der Mohrenstraße. Die Firma lautet: Gtto Müller sc Söhne. Herr Vrünn kauft viel bei 1 seinem Freunde, und weil er seine waren immer pünk-tlich bezahlt, so stellt ihm der Fabrikant niedrige sireise. Dies ist der Grund, warum Herr Vrünn so preiswert verkaufen kann.

6. Vokabeln

Vater,?«,, latker Haus, »., Iiuuze Fre-und (//. Freunde!,

Iahr (//. Jahre), «,, Sache (//. Sachen),

/.,?«., irienä
Xelr tliin (article) Fabrik,/,, Kcwr/
Dritte Übung 9. teseftüct

Heute geht Herr Vrünn zu ?)tto Müller sc Söhne, um etwas zu kaufen; er kommt in das 3ager, wo ihn Herr Albert Müller empfängt. Dieser ist der 2ohn des Herrn Vtto Müller und ist Teilhaber in dem Geschäfte.

Die Ferren grüßen einander und unterhalten sich:

„Guten Morgen, lieber Albert!"

„Guten Morgen, Herr Vrünn, womit kann ich Ihnen dienen?"

„Ich möchte einige Dutzend Oberhemden kaufen."

„wünschen 5ie die beste 5orte?"

„Vitte, zeigen 5ie mir dieselbe."

„Hier sind die Muster."

„Wieviel kostet diese Qualität?"

„wir verkaufen sie mit 1VI. 12 das Dutzend."

„Das ist mir zu teuer."

„Diese Hemden hier stellen sich auf!VI. 10.50."

„Gut, ich nehme sechs Dutzend davon in assortierten Größen."

„wir haben aber leider nur vier Dutzend vorrätig."

„wann können Sie den Rest liefern?"

„wir fertigen die übrigen zwei Dutzend heute noch an."

„Vitte, schicken 5ie mir morgen früh die sechs Dutzend zusammen."

„Darf ich Ihnen noch etwas zeigen, Herr Vrünn?"

„Nein, ich danke, Albert, ich brauche heute nichts mehr; Adieu!"

„Auf wiedersehen, Herr Vrünn, ich danke für Ihren Vesüch!"

„Vitte!"

Vokabeln

Herr Vrünn ist in sein Geschäft zurückgeeilt. Ls sind heute morgen eine Anzahl von Vriefen angekommen. Herr Schwarz, der Schwager des Herrn Vrünn, ist Uorrespondent der Firma Wilhelm Vrünn sc o.; er hat die Vriefe auf i gemacht und gelesen und den Inhalt derselben notiert. Nachdem der Thef sich an sein Oult gesetzt und eine Zigarre angezündet hat, fragt er: „Nun, lieber Venno, was giebt es heute Neues?"

„Adolf Aöhler in Leipzig hat uns geschrieben; er hat die , Unterwäsche empfangen, welche wir ihm letzte Woche geschickt haben. Die Unterhemden hat er behalten, aber die strumpfe hat er uns als Frachtgut zurückgeschickt. Lr hat dieselben in Nummer 36, grau, bestellt. Herr Dumm, der neue (Nomons, hat aber einen Fehler gemacht und hat Nummer z8, weiß, eingepackt."

— „Fischer sc Sohn in Stettin haben ihre letzte Rechnung durch Postanweisung beglichen, aber sie haben N.4. 6Q abgezogen. Herr wild, der frühere Reifende, hat den Auftrag auf diese waren angenommen und hat darauf 3 Rabatt , bewilligt." 24 ccXVIMLKCI RKl,X was schickte Herr Uöhler zurück?

wie schickte Herr Uöhler die Ware zurück? waren die Unterhemden grau oder weiß? wie hatte Herr Uöhler dieselben bestellt? welche Nummer hatten die Oberhemden, welche Herr Uöhler zurückschickte? welche Nummer hatte Herr Uöhler bestellt? wer hatte die Ware für Herrn Uöhler eingepackt? wer war Herr Vumm? was hat Herr Vumm gemacht?

Von wem war der zweite Vrief? was beglichen Fischer sc 5ohn?

Hatte diese Firma ein Uonto bei wilh. Vrünn sc Co.?

Wie kam das Geld?

wieviel betrug die Rechnung? M. 153. 34.) wie viel Rabatt zogen Fischer sc Lohn ab? (3.) wie viel betrug der Rabatt? («. 4.60.) wie viel betrug die Postanweisung? (N, 148.74.) wer hatte den Auftrag angenommen und den Rabatt bewilligt? war Herr wild ein Commis des Hauses wilh. Vrünn sc Co.?

Fünfte Übung 17. teseftück

„Hier ist der Vrief eines jungen Mannes, welcher sich um die Stellung eines Reifenden bewirbt.. Der Name des Herrn ist Robert Vlau. Er ist ein Vruder der Frau Uöhler in Leipzig und besitzt, laut seines Vriefes, eine gründliche Uenntn5 nis unseres Geschäftszweiges. Lr kann französisch und englisch sprechen und schreiben. Zufolge des Wunsches des Herrn Uöhler sollte er innerhalb des Geschäftes arbeiten und die Vücher seines Schwagers führen helfen, aber er hat lieber reisen wollen und, da sein Schwager keinen Vertreter außer halb des Hauses brauchen konnte, so hat er Herrn Vlau, seiner Tüchtigkeit ungeachtet, gehen lassen müssen."

„wegen des Todes seines (vnkels ist Herr Vlau jetzt bei seiner Tante, welche unweit der Stadt wohnt, und er möchte z wissen, ob er kommen darf, um sich persönlich vorzustellen. Trotz der großen Ausgaben in Verlin, will Herr Vlau während des ersten Jahres statt eines Gehaltes nur 2 seiner Verkäufe haben."

„Dann ist hier ein Vrief von Schneider öc Fisch in Grün .u berg, welche uns ein Aommissionslager ihrer waren anbieten. Mittels eines neuen Patentes können sie ihre Hemden so machen, daß dieselben sowohl oberhalb als auch unterhalb der Vrust genau passen; kraft ihres Patentes dürfen sie allein diese Hemden fabrizieren, und vermöge ihres großen Absatzes .5 können sie dieselben sehr billig verkaufen. Unseres guten Rufes halber möchten sie uns ihre waren auf Uommission geben. Diesseits der Potsdamer Vrücke sollen wir allein dieselben führen; jenseits der Vrücke wollen sie ein zweites Aommissionslager gründen." 20. Fragen wessen Vrief hat Herr Vrünn sich zunächst vorlesen lassen?

wie ist der Name des jungen Mannes, welcher den Vrief geschrieben hat. wessen Vruder ist Herr Vlau?

Um was bewirbt sich dieser Herr?

Welche Uenntnisse besitzt Herr Vlau?

was wollte Herr Aöhler seinen Schwager thun lassen? sollte er allein die Vücher führen? was wollte er lieber thun als die Vücher führen? warum hat er nicht für seinen Schwager reisen können? was mußte Herr Aöhler deshalb thun? wo ist Herr Vlau jetzt? warum ist er jetzt bei seiner Tante? wo wohnt die Tante?

Hat Herr Vrünn Herrn Vlau schon gesehen?

Was wollte Herr Vlau deshalb thun? will Herr Vlau ein Gehalt haben? was will er statt eines Gehaltes haben? wie sind die Ausgaben in Verlin?

Von wem ist der nächste Vrief?
was bieten Schneider sc Fisch dem Herrn Vrünn an? was für ein Patent haben Schneider sc Fisch? was fabriziert diese Firma? wie passen die Hemden?

Darf ein anderer Fabrikant diese Hemden auch fabrizieren?
warum können Schneider sc Fifch diese Ware so billig verkaufen? warum möchten sie bei der Firma Wilhelm Vrünn sc To. ein Aommissionslager gründen?

Sollen Wilhelm Vrünn sc To. allein in Verlin die waren führen?
wo sollen sie dieselben allein führen? wo soll ein zweites Aommissionslager sein?

Sechste Übung 21. teseftück
Herr Vrünn hört alle wichtigen Vriefe, welche von den verschiedenen Geschäftsfreunden und Runden seiner Firma angekommen sind; dann diktiert er seinem Rorrespondenten kurze Antworten. Herr schwarz bemerkt bei jedem einzelnen 5 Vriefe die Antwort stenographisch; dann fängt er an, ausführliche Vriefe abzufassen.!cach dieser langen Arbeit geht Herr Vrünn aus dem engen Tomptoir hinaus. Außer dem großen Detailladen unten, nächst der 5traße, hat die Firma auch seit mehreren Jahren ein ausgedehntes Engrosgeschäft.

«Dieses liegt eine Treppe hoch, dem Hofe gegenüber, Herr Vrünn geht heute zuerst in sein Lngrosgeschäft. Ls ind fünf große Risten neuer waren angekommen. Die erste Riste kommt soeben mit dem eisernen Warenaufzuge herauf; der kräftige Hausdiener, samt dem jungen Lehrlinge Rarl, schlep 15 pen sie zu dem nächsten Ladentische und öffnen sie mit dem Hammer, der Zange und dem scharfen Vrechcisen. Herr Dumm, der Tommis, nebst dem Lehrlinge, nehmen dann die angekommene Ware aus der offenen Riste. Die Riste enthält weiße leinene Rragen und Manschetten in verschiedenen Grö 2 ßen. Herr Dumm liest die gedruckte Auszeichnung an jeder ausgepackten Schachtel laut vor und Rarl markiert den betref fenden hosten auf der Rechnung mit seinem blauen Vleistifte. Dies ist dem strengen Wunsche

des Herrn Vrünn zuwider. Herr Dumm sollte die gelieferten waren immer selbst auf der 25 Faktura markieren, denn Rarl ist hierzu noch zu unerfahren; er wurde vor zwei Wochen fünfzehn Jahre alt und ist erst vor sieben Monaten bei Herrn Vrünn Lehrling geworden. Herr Dumm handelt oft den weisen Anordnungen seines gütigen Thefs entgegen. Das ist die Ursache vieler Feh 2ler und großer Unzufriedenheit, und führt zu häufigem Tadel.
was ist Rar! in der Firma wilh. Vrünn öc Co.? wann wurde er Lehrling? wie alt ist er? wann ist er fünfzehn Jahre geworden? warum sollte er nicht die gelieferten Posten auf der Rechnung markieren? was thut Herr Dumm leider oft die Anordnungen seines Chefs betreffend?

Wozu führt Herrn D.'s Ungehorsam häufig?
siebente Übung 25. teseftüct wenn Herr Dumm sich nicht bemühen wird, durch größeren Gehorsam die vollste Zufriedenheit feines Chefs zu verdienen, und wenn er noch einmal wider den Vefehl desfelben verstoßen wird, so wird Herr Vrünn einen neuen und fähigeren Commis für das «Lngroslager engagiert haben, bevor Herr Dumm es erwarten wird. Lin junger Mann muß gegen seinen prinzipal immer höflich und ehrerbietig sein und muß seine Anweisungen achtungsvollst anhören und aufs pünktlichste ausführen. Vhne die strengste Vrdnung, wird kein Geschäft lange erfolgreich sein können. Herr Vrünn ersucht seinen jüngsten Commis deshalb zum letzten INale um pünktlicheren Gehorsam und lebhaftere Aufmerksamkeit bei feiner Arbeit.
Auf der Rechnung ist ein Irrtum. Der Fabrikant hat,5 einen Posten Manschetten auf die Rechnung gesetzt, welcher nicht in der Uiste zu finden ist; er wird vergessen haben, ihn in die Aiste einzupacken. Herr 5chwarz wird an die Firma schreiben müssen, um die fehlende Ware zu reklamieren. Nachdem die Uiste geleert ist, und während die leute den «Deckel einer zweiten, kleineren Aiste entfernen, tritt Herr Dumm vor das Stehpult, welches neben dem Ladentische steht, und rechnet an dem

Pulte die Faktura nach, d. h. er multipliziert bei jedem hosten den preis pro Dutzend mit der An« zahl der gelieferten Dutzend und findet so das Produkt; dann addiert er die Produkte zusammen. Die Multiplikation ist richtig, aber in der Addition entdeckt Herr Dumm einen Rechenfehler. Die Summe, welche unter der äußersten Zahlenreihe steht, stimmt nicht mit der Summe des Herrn Dumm. Die Differenz zwischen den beiden Summen beträgt Mk. lo.oo. Herr Dumm schreibt die richtige, kleinere Summe mit Vlau , stift unter die falsche und größere und legt die Rechnung zu oberst zwischen die beiden Deckel einer Mappe. Herr Vrünn hat inzwischen die angekommene Ware besichtigt und hat den Verkaufspreis in Vuchstaben neben den Einkaufspreis geschrieben. Aar! trägt die Ichachteln hinter den mittleren

Ladentisch und setzt sie vorläufig auf das höchste Regal. Später wird Herr Dumm eine neue, bessere Etikette über die Fabriketikette kleben und wenn er dies gethan haben wird, wird er die Ware auszeichnen.

Über dem Lngroslager ist der Packraum; dorthin wird der Hausdiener noch vor dem Lssen die meisten leeren Aisten bringen, denn dort können sie hinter dem Packtische am besten stehen, bis man sie brauchen wird.

stabe„»., letw,Regal, «„ 5le!s Etikette,/, ticket, lade! packraum,?«„ paclcin rooin Essen, «„ mcil, Dinner bemühen lslch), takr pHinz, m«!e excrtin» verdienen, earn verstoßen, ie, 0, «ffcnä 1. l'Ke luture an6 future perfect of auxili2rie3 an6 otlier verb3, Clab!e8 13-20.) 2. ?repczitian3 overnin tlie accuzative, (Table 21, z.) Z.?repu3iticn8 AnverninA tlie Dative or 2ccu32tive, (Table 21, 4,) ilbung.?inä, in tde reaä!» leszn», tne prepusitiong an6 cleNne tbe ca8e os vord« affectec! bv lle,n. Kevievv lormer rea6in IeL5un5, treatin tnein in tne same inanner, 4. llompHi-iLQn ns a6'ective8. (Table 22, I,) 28. Fragen was wird Herr Dumm thun müssen, wenn er bei Wilh. Vrünn sc Lo. bleiben will?

wogegen darf ein Lommis nicht verstoßen? was wird Herr Vrünn thun, wenn sein Lommis sich nicht bessert?

Wie muß ein junger Mann immer gegen seinen prinzipal sein? wie muß er dessen Anweisungen ausführen? was braucht jedes Geschäft, um erfolgreich zu fein?

Um was ersucht Herr V. seinen Lommis zum letzten Male?

Ist Herr Dumm ein älterer Herr? was ist er im Geschäfte des Herrn Vrünn? worin besteht der Irrtum auf der Rechnung? wodurch erklärt sich dieser Irrtum? wer wird den Irrtum berichtigen?

Ist die zweite Aiste waren größer als die erste? was thut Herr Dumm während die zweite Aiste geöffnet wird? was rechnet er an dem Pulte nach? wie thut er dies?

Ist die Faktura richtig ausgerechnet? was ist darauf richtig und was ist falsch? was entdeckt Herr D. in der Addition? wo steht die 5umme auf der Faktura?

Ist diese Summe größer oder kleiner als diejenige des Herrn D.? wieviel beträgt die Differenz zwischen den beiden Summen? wohin und womit schreibt Herr D. die richtige Summe? wohin legt er die Rechnung? was hat Herr Vrünn inzwischen gethan? was ist größer, der Linkaufspreis oder der Verkaufspreis?

Wie und wohin schreibt Herr V. den Verkaufspreis?

wohin trägt Karl vorläufig die Schachteln, und wohin setzt er dieselben? was wird Herr D. später mit der Ware thun? wird er die Ware auf der Fabriketikette auszeichnen? was ist über dem Engroslager? wann wird der Hausdiener die leeren Uisten in den Aackraum bringen? wird er sie alle dorthin bringen? wo können die Aisten am besten im f)ackraume stehen? wie lange werden sie dort stehen bleiben?

Achte Übung 29. teseftück

Herr Vrünn ließ sich das (vrdrebuch vorlegen, um über die eingegangenen Vestellungen zu verfügen, aber leider hatte Herr Dumm dieselben noch nicht eingetragen, als sein Ehef danach fragte. Er entschuldigte sich, er habe' die Vriginal 5 Briefe erst vor einer stunde aus dem Eomptoire erhalten, und habe' dieselben noch nicht abschreiben können, da inzwischen die neue Ware angekommen sei/ die er immer zuerst erledige/ ehe er an die Ausführung der Vestellungen gehe.' Herr Vrünn antwortet, er wünsche,' daß Herr Dumm in Zu .« kunft alle aus dem Eomptoir gesandten Schriftstücke sogleich besorge' und dann zurückschicke/ weil es sonst möglich sei/ daß ein Vrief verloren gehen könnte.' Herr Dumm antwortet seinem prinzipal: „Es möchte' wohl wahr sein, daß Vriefe zuweilen verlegt werden; doch wüßte' ich nicht, wie das in .5 diesem 3ager vorkommen könnte.' Hätte ich übrigens gewußt, daß 5ie es wünschten/ so hätte ich die Vestellungen erledigt, bevor ich andere Arbeiten vorgenommen hätte/ wüßte'' ich in jedem Falle, wie 5ie meine Arbeit wünschen, so thäte ich gewiß stets nach Ihrem willen." Vevor Herr Vrünn

«Herrn Dumm engagiert hatte, hatte er die Auswahl und warum konnte er diese Arbeit nicht vollenden? was hatte Herr V. erledigt, bevor er in den laden mußte? was versprach Herr D. seinem prinzipal?

MuiL. nvei-tKiL HlieLtion NlLt in 6irect, tuen in inäirect LpercK.)

Neunte Übung 33. teseftüct

Herr Vrünn wurde aus dem kager gerufen und wurde gebeten, einen Augenblick in den kaden 'zu kommen. Er

wurde dort von einem Herrn erwartet, welcher ihn zu sprechen wünschte, um sich bei ihm zu beklagen. Der Herr sagte: „Es 5 sind für mich bei Ihnen ein Dutzend Oberhemden angefertigt worden, und, obwohl man mir dazu Maß genommen hat, so sind die Hemden viel zu eng für mich gemacht worden, und ich weigere mich, sie zu nehmen und verlange das Geld zurück, welches ich bei der Bestellung hinterlegt habe. Herr V. fragt 1 den Verkäufer, einen Vetter von ihm: „hast du diesem Herrn selbst Naß genommen?" und, da der Verkäufer dies besaht, fragt Herr V. weiter: „Und hast du dir die Maße richtig notiert und dich nicht etwa beim Maßnehmen geirrt?" Der Verkäufer antwortet: „Es ist mit diesen Hemden keinerlei 15 Fehler gemacht worden; die werkführerin ist bereits befragt worden; der Bestellzettel, welchen ich ihr gab, hat sich gefunden und sie hat ihn soeben gesandt. Ich habe sie aber bitten lassen, selbst herzukommen." „Es bedarf der werkführerin nicht," sagte Herr V. „wir wollen dem Herrn aufs neue 2 Maß nehmen, und uns auf diese weise überzeugen. Unsere Aunden sind noch immer mit uns zufrieden gewesen, mein Herr, und 5ie werden hoffentlich bald einsehen, daß man Sie bei uns nicht zu übervorteilen versucht hat. Unsere Arbeiterinnen werden von uns aufs strengste beaufsichtigt; sie müs --, sen nach Maß arbeiten und es wird ihnen für den geringsten Fehler etwas vom lohne abgezogen." Man nahm dem Aunden also noch einmal Maß, und es stellte sich heraus, daß die Zahlen mit denen des Bestellzettels genau übereinstimmten; als jedoch dann die gelieferten Hemden gemessen wurden, entdeckte man, daß sowohl die Hals-wie die Vrustweite viel zu gering genommen waren. Man kann 5 sich denken, wie unangenehm diese Entdeckung dem Herrn V. war. Lr mußte sich bei dem Aunden entschuldigen, und die Hemden, welche sogar mit dessen Anfangsbuchstaben gezeichnet waren, mußten natürlich zurückgenommen werden. Jedoch ließ sich der Runde bereit finden, ein neues Dutzend zu i bestellen, falls dasselbe binnen einer Woche geliefert werden könnte.

Herr V. begab sich mit dem Vestellzettel in den Arbeitsraum, wo viele Mädchen an Nähmaschinen arbeiteten, und beklagte sich bei der werkführerin über den Vorfall. Diese .5 sagte, das Mädchen, welches die Hemden zugeschnitten hätte, sei krank; es sei heute morgen zur Arbeit gekommen, sie habe es aber wieder nach Hause schicken müssen. Morgen würde sie mit ihm sprechen, und es würde ihm ein Teil des Wochenlohnes abgezogen werden.

Als Herr V. fort war, soZte die werkführerin zu den arbeitenden Mädchen: „wenn ihr Mädchen bei der Arbeit nicht so viel sprechen und lachen würdet, so wäre man mit euch besser zufrieden und brauchte euch nicht so oft mit Lohnabzügen zu bestrafen."

Augenblick, m,, Moment Herr,?«., entlcmn lllafz, «., meazuir

Verkäufer,,«., »ale«.

M3N

Vetter, m., cou«i» werkführerin,/,, tore vvomlln Zettel, m,, »lip ol paper

Vestellzettel,,«., oräer

Arbeiterin, /., worK

V0MllN lohn, »?., vleZ

Hals,?»., neclc weite,/., vi6tK

Entdeckung, /,, cii«.

cover

Anfangsbuchstabe, m.,

initial letter

Arbeitsraum,?«., voi-K

Nähmaschine, /., «ew.

i»A inacliine Vorfall, «,, occuri-ence Teil, /«,, n!lrt, Portion Abzug, «/., lleduction Vediiigung,/, conäitiun rufen, ie, u, call bitten, a, e, requezt erwarten, «ait tor, ex pect was thut man, wenn sie Fehler machen?

was stellte sich beim Maßnehmen des Runden heraus?

was maß man dann?

was entdeckte man beim Messen der Hemden? wie war diese Entdeckung dem Herrn V.? was mußte er thun?

wozu ließ sich der Aunde bereit finden?

Mit welcher Vedingung bestellte er ein neues Dutzend Hemden? wohin begab sich Herr V. nun? wer arbeitete in dem Arbeitsraume? woran arbeiteten die Mädchen? was that Herr V. in dem Arbeitsraume? was antwortete die werk-

führerin? (3t-ue tKe lcn-ewoman'z repx, IxM in clirect llnä in inclirct 3peecl.) wird die Arbeiterin der verpaßten Hemden ihren ganzen Wochenlohn verlieren? was sagte die werkführerin als Herr V. fort war?

Zehnte Übnng 37. teseftüct 3s ist halb fünf, und, obwohl Herr schwarz seine Aor» respondenz fast beendet hat, so giebt es doch noch vielerlei vor Schluß des Geschäftes zu thun. vor allem müssen die zahlreichen Vriefe mit dem Namen der Firma unterzeichnet wer» 5 den. Herr schwarz hat das Recht, dies felber zu thun, da er Prokurist der Firma ist. Dann versteht es sich von selbst, daß er die Vriefe in der Uopierprcsse kopieren muß; hierauf registriert er sie im Aopierbuche, d. h. er trägt Namen und Wohnort des Empfängers in das alphabetische Register am 1 Ende des Aopierbuches ein und ebenso das Folio (die Seitenzahl), auf welchem der Vrief kopiert wurde und endlich steckt er jeden Vrief in ein Eouvert (einen Briefumschlag), schreibt die Adresse (die Aufschrift) darauf, klebt eine Marke oben rechts, und schließt den Vrief. Die meisten Vriefe sind einfach,, h. sie wiegen unter 15 F. (Gramm) und kosten deshalb nur ic Pf. Porto, aber einzelne Vriefe legt der Aorre 5 spondent auf die Vriefwage, weil sie ihm zu schwer scheinen und findet, daß sie mit 20 Pf. frankiert werden müssen. Ls sind auch mehrere Rohrpostbriefe und Postkarten abzusenden, welche eilige Bestellungen aus der Stadt auf verschiedenerlei waren enthalten. Mehreren Fabrikanten, denen die Firma , Geld schuldet, sollen heute Zahlungen geleistet werden. Herr Schwarz schreibt die Postanweisungen aus und übergiebt sie dem Buchhalter, welcher zugleich im Geschäfte die Aasse führt. Dieser nimmt die verschiedenen erforderlichen Gummen aus dem Geldschranke und drückt dann zweimal auf den izAnopf der elektrischen Glocke, sodaß es im Laden läutet. Vald darauf klopft es an die Thür des Tomptoires, und ein Lehrling tritt herein. Er weiß, daß er täglich dreimal auf die'post (gehen) muß, und da das Wetter schlecht ist und es regnet, donnert und blitzt, so hat er

eine wasserdichte doppelte 1 Ledertasche mitgebracht, damit die Postsachen nicht naß werden. In diese Tasche steckt er jetzt alle Vriefe und auch das Geld, welches der Buchhalter ihm auf den Tisch zählt. Auch einige Pakete sind mitzunehmen; Herr Schwarz schreibt schnell die Vegleitadressen und frankiert die Pakete, und dann -/nimmt der Lehrling seinen Regenschirm und geht aufs nächste Postamt, Ecke (der) Friedrich-und Mohrenstraße.

«Ls ist setzt ein viertel sechs, da klingelt es plötzlich wiederholt am Fernsprecher. Lin Agent ist im Geschäfte zweier Freunde des Herrn Vrünn am Telephon und möchte denselben 3 gern sprechen. Lr hat einen Auftrag von Karl Zöllner in Frankfurt a. V. (an der Gder) auf 2« Dutzend Taschentücher in dreierlei Qualität und Preislage, falls dieselben sofort geliefert werden können. Herr Schwarz sagt, es thue ihm leid, daß sein Thef augenblicklich vom iomptoir abwesend sei; er

Z5 giebt aber sogleich zweien der Lehrlinge den Auftrag, denselben zu suchen, um sich bei ihm zu erkundigen, wie vielerlei 44 0lI«l. tiLK.VIK / Taschentücher im 3ager vorrätig seien, und er verspricht dem Agenten, er werde morgen fxüh direkt nach Frankfurt telegraphieren. Herr Schwarz möchte nun seine manigfache Tagesarbeit abschließen, aber dies gelingt ihm noch nicht, 5 denn er wird oft gestört, und schließlich bringt der Briefträger noch einen Einschreibebrief von Gebr. Riegel in Magdeburg, und Herr Schwarz muß darüber quittieren. Der Vrief enthält einen Wechsel über 14Z M. 60 f)f., welcher auf Julius Neumann in Verlin gezogen und am isten August 1901 fäl 1 lig ist. Der Buchhalter ist auch noch nicht ganz mit seinem Tagewerk fertig. Lr hat die hunderte von Geschäftsvorfällen des Tages in die Aladde eingetragen; jetzt muß er im Aasfabuche der Firma Gebr. Riegel den eingesandten Wechsel zu gute schreiben und denselben in das wechselkopierbuch ab ,5 schreiben, und dann muß er die verschiedenen hosten aus der Aladde und dem Aasfabuche in das

Hauptbuch übertragen. Jeder Posten muß zweifach gebucht werden; so werden z. V. die Aonti der Fabrikanten, an welche Zahlungen gemacht worden sind, mit den entsprechenden Summen belastet, und 2 das Aassa-Tonto wird damit creditiert; auch die an diesem Tage abgegangenen waren müssen doppelt gebucht werden; sie werden den Aäufern auf die „Soll"-oder „Debet"-Seite ihres Tontos gesetzt und dem warencontö gutgeschrieben. Herr Schwarz hat inzwischen alle die verschiedenen an die».

25 fem Tage eingelaufenen und erledigten Briefe, Karten, Rechnungen, Berichte und hunderterlei anderweitigen Mitteilungen geordnet und fortgelegt. Zu diesem Zwecke hat er einige dreimal oder viermal gefaltet, während andere einfach blieben, sodaß alle dasselbe Format erhielten; dann hat er sie mit dem Namen und dem 3)rt des Absenders überschrieben, vielfach auch mit einer kurzen Notiz über den Inhalt, hat das Datum hinzugefügt und hat die Skripturen dann alphabetisch in ein Regal gelegt. Es schlägt drei viertel sieben; während im Vcrkaufslokal die Ladentische, auf denen die 35 Schachteln oft mehrfach übereinander liegen, abgeräumt und die eisernen Taden heruntergelassen werden, tritt Herr Brunn noch einmal ins Comptoir, um sich zu erkundigen) ob alles Nötige erledigt ist. Um punkt sieben Uchr verläßt er mit den beiden Comptoiristen das Geschäft; es hungert und durstet die Herren, und es thut ihnen durchaus nicht leid, daß die 5 Tagesarbeit vollendet ist. wage,/., Lcale« Vriefwage, /., letter

«caleg Rohrpost,/, pneumatic pozt Postkarte,/, portal carä

Zahlung,/, P2ment

Kasse,/, cazk

Geldschrank, »«,, innnrv zate

Knopf,,«,, dutwn

Glocke, /,, a larße bell

Vriefträger, m., letter carrier

Einschreibebrief,»«,,i-e. iztered letter

Gebr. — Gebrüder,

drotber«; Gebr. Riegel — Kiesel LroL,

Tag, »»., Ia/

Tagesarbeit, /., Tagewerk, «., !a/'5 worli

Wechsel,?«., dill cl ex. cnane

duLinc«5 inan unterzeichnen (/«/. kopieren, cnp/ registrieren (registriert), eintragen, u, a s. w,«/,), enter stecken, put, Zlip schließen, o, o, clnze wiegen, o, o, «ei?u scheinen, ie, ie, «eem 48 co««Lici cieKiVi'

Was muß mit den fertigen Briefen geschehen?

was muß in das alphabetische Register am Ende des Aopierbuches eingetragen werden? was muß man weiter mit einem Vriefe thun, um ihn postfertig zu machen? wieviel darf ein einfacher Vrief in Deutschland wiegen und wieviel Porto kostet er? wie hoch muß ein Vrief frankiert werden, welcher mehr als 15 A. wiegt? wieviel ungefähr sind 20 Pf. in amerikanischem Geld«?

Welche anderen Postsachen sind abzusenden?

Auf welche Art befördert Herr Schwarz das Geld, welches die Firma den Fabrikanten schuldet?

wer zahlt dieses Geld aus?

Zahlt der Buchhalter in einem Geschäfte gewöhnlich Geld aus? woher nimmt der Buchhalter das Geld? wer bringt das Geld auf die Post? wie ist das Wetter an diesem Tage? worin trägt der Lehrling die Postsachen? warum trägt er sie in einer wasserdichten ledernen Tasche? was hat der Lehrling sonst noch zur Post mitzunehmen? was muß für jedes Paket geschrieben werden? was braucht man im Regen, um nicht naß zu werden? wo ist das nächste Postamt? wer will mit Herrn Vrünn am Fernsprecher reden? wo ist der Agent? wonach will er sich bei Herrn Vrünn erkundigen?

Ist Herr V. augenblicklich anwesend?

Wer soll ihn suchen?

Auf welche weife verspricht Herr Schwarz zu antworten?

warum gelingt es Herrn 5. noch nicht, seine Tagesarbeit abzuschließen? was bringt der Vrieträger schließlich noch? was enthält der Einschreibebrief?

Auf wen ist der Wechsel gezogen und wann ist derselbe fällig?

In welches Vuch müssen die Geschäftsvorfälle des Tages zuerst eingetragen werden?

In welche anderen Vücher müssen sie dann übertragen werden?

In welches Vuch kommen die Aassabuchungen?

wie oft muß jeder hosten gebucht werden? wird das Tonto, welches etwas empfängt, belastet (debitiert) oder entlastet (crediticrt)?

Auf welcher Seite des Hauptbuches wird ein Tonto debitiert und auf welcher Seite crediticrt?

was thut ein guter Geschäftsmann mit allen erledigten geschäftlichen Mitteilungen?

Was thut er mit diesen verschiedenen Vriefen, Aarten u.s. w., ehe er sie fortlegt?

wohin legt er sie schließlich? wann schließt das Geschäft des Herrn Vrünn? was müssen die ladendiener und Hausdiener zuvor thun? warum thut es den Herren nicht leid, daß die Tagesarbeit vollendet ist?

Elfte Übung 41, eeseftüct

Herr Schwarz hatte dem Agenten versprochen, daß er spätestens um zehn Uhr morgens eine telegraphische Depesche an Aar! Zöllner in Frankfurt a. V. senden würde. Lr.entwirft dieselbe eilends auf dem dazu bestimmten Formulare; und ersucht einen Lehrling, möglichst schnell damit zum Telegraphenamt zu gehen. Dieses befindet sich links im Postamt«, denn in Deutschland gehört das Telegraphenwesen, 22-cokMKKcii. K1IX ebenso uvie das f)ost-und Eisenbahnwesen, dem Staate. Am Schalter stehen zufälligerweise eine Menge Leute, denn morbus und abends ist immer äußerst viel auf der f)ost zu thun,,aber die Abfertig-ung für Telegramme erfolgt außer der Reihe, 5 und der Lehrling bittet deshalb den Beamten, er möge die Depesche gefälligst so bald wie möglich annehmen und erpedieren. Der f)ostsekretär, ein höchst unhöflicher junger Mann, sagt: „3s sind mehrere Telegramme vor dem Ihrigen zu erledigen, hoffentlich können Sie sich einen Augenblick gedulden." Glücklichermeise hat aber l)srr Schwarz das wort

„dringend" vor der Aufschrift vermerkt, und, da dringende Telegramme bei der Beförderung vor den gewöhnlichen Telegrammen bevorzugt werden, so muß der Veamte freilich notgedrungen seine Pflicht' thun. Lr zählt also die Wörter und rechnet für.Z jedes der 16 Wörter 5 j)f., denn das ist ist die Telegrammtaxe im Verkehr mit Deutschland. Außerdem beträgt die Gebühr für ein dringendes Telegramm aber das dreifache der gewöhnlichen Taxe, sodaß der Lehrling 3x80 j)f.od'er2 M. 4« f)f. zu bezahlen hat. Selbstverständlich wird ein dringendes Telegramm schnellwöglichst befördert; nur ein StaatsTelegramm wird einem solchen vorgezogen. Der Lehrling muß sich aufs äußerste beeilen, ins Geschäft zurückzukommen, denn es wurde gestern viel Ware verkauft, namentlich an auswärtige Aunden, und diese muß heute verpackt und abgesandt 25 werden. Die Ware der Firma geht meistens mit der Eisenbahn, doch sind auch einige Aisten per Dampfer zu spedieren. Nachdem die Aisten und Valien signiert sind, wird das Bruttogewicht (Rohgewicht) stückweise festgestellt und in den Frachtbrief eingesetzt. Auch müssen bei «inigen Sendungen der wert, und die Lieferzeit versichert werden. Solche versicherten Aolli gehen natürlich als Lilgut, d. h. sie werden mit einem besonderen Zuge oder mit einem Personenzuge versandt. Diese Beförderungsart' ist möglicherweise doppelt so teuer wie per Bahn oder als Frachtgut, welches immer mit Güterzügen Z5 geht. Für die waren, die zu Wasser verladen werden, muß ein Ladeschein (Konnossement) ausgeschrieben werden und zwar in drei Exemplaren; erstens eines für den Absender, zweitens eines für den Schiffsführer und drittens eines, das dem Empfänger der Ware zugesandt wird. Das Ronnossement enthält das Signum und den Frachtsatz, dient als Amt-, 5 tung des Schiffsführers über die Anzahl der Uolli und ihre äußere Beschaffenheit und legitimiert den Empfänger zur Abnahme derselben. Es kann, ebenso wie die Ware selbst, cediert (übertragen) und giriert oder indossiert werden. Alle

waren nuissen bis spätestens 2 Uhr nachmittags verpackt und die , Frachtbriefe und Ladescheine fertig fein, denn um diese Zeit kommt der Spediteur, unterzeichnet die Frachtbriefe und ladet die Aolli auf feinen Frachtwagen.

Ver Lehrling ist höchstens zwei Jahre im Geschäfte, und doch versteht er die Verpackung und Absendung bereits aufs 5 beste. Es sind außer ihm ein Eommis und mehrere Hausdiener für diesen Zweck beschäftigt, und sie alle arbeiten gut und fleißig, aber der Lehrling kennt alle Frachtsätze, Einrichtungen und Bestimmungen am besten; er ist eher im Geschäfte als alle andern Lehrlinge und thut feine Pflicht besser und 2 schneller; die andern bemüben sich vergebens, es ihm gleichzuthun; erst neulich hat Herr Schwarz seine Handschrift aufs höchste gelobt; er sagte, dieselbe sei wahrlich besser als seine eigene; er selbst könne schwerlich Adressen so schön und sauber schreiben. Dieser Lehrling hat im Geschäfte unten angefan

»5 gen, aber er arbeitet beständig aufwärts, denn das ganze Personal des Geschäftes hat ihn gern, lieber als viele anderen Lehrlinge, und Herr Schwarz hat ihn unter allen am liebsten und vertraut ihm blindlings im f)ackraume und bei der Spedition.

60 3 well gern haben (/. «/«/.), like vertrauen, tru«t abfertigen (. w,«/.), clizptcn zurückkehren/,«»«/.), return hoffen, nope unhöflich, impolite dringend, urgent gewöhnlich, common, or dinar/, U5ual solch, Lucn stne cid/ auswärtig, outzicle ol besonders, Lpeci2,I teuer, expenZive, ller fleißig, induLtrious eigen, own schön, beautiiul sauber, neat beständig, conLtant vorhergehend, preceäin bahnfertig, recl ior Zliipment o ril ganz, entire; aa'l'. cuite; ganz allein,uite alone nützlich, uLeiul unter, amonß ein solcher, eine solche, ein solches, «ucb a nne spätestens, 2t tne IiiNest (/«/7/l «/?.
spät, Ilte)
cdance, d acciäent;
leute stehen zufälligerweise, people I,llp.
pen t» «tncl

morgens, in tue inorninß abends, in tbe evenin
äußerst, extreme! (/«.
M?-a, «/e/.); äußerst viel, ver mucli
gefälligst, IciniUx, il /ou plell8e,(/ ?'l//?'a, «.
/«-/. o/ gefällig, cumpIuiLÄNt, courteouZ)
bald, Loun höchst, liinl, (/«//.
hoch)
glücklicherweise, Käppi-
!)', tortuntelx freilich, to de sure, ol courze, indee6
notgedrungen, lorced d
neccZ«itx außerdem, deZiäeL tliat selbstverständlich, it ßoe«
schnellmöglichst, 2« cuiclcl a« pULLidle aufs äußerste, w tke utmozt lleree (a/o/, «»/a?«)
gestern, xeterclx namentlich, especiull/ meistens, moLtl/
stückweise, piece d/ piece natürlich, ul courze
ncxin höchstens, 2t tne mcLt aufs beste, in tbe Ke«t
manner (ao/. «/?'/,) am besten, deLt (a«a/ gut) eher,e2rlier,«ooner (bald, eher, am ehesten) vergebens, in vain erst, onl/ neulich, recentl, tbe otber 62/ aufs höchste, in tue liiIi. e«t äeree pozzidle, (cH/. «/?-/. 0/ //« a/. hoch) wahrlich, trul, in(leei schwerlich, narcll/, d NN INe2N8 unten, »t tbe bottom, beluvv aufwärts, upwarä gern, ßlaäl, vvillinI/; (w/»/a?-l«/ gern, lieber, am liebsten; gern haben, to like 1 gern essen, spielen, hören, lille to eat, plx,!ear blindlings, dlinäl/ vorher, betöre worauf, upon wbilt hinauf, upvvarcl, up ebenso wie,28weIIaL,Il!ce außer der Reihe, out of urIer, uut of turn !Nuß der Lehrling warten bis alle andern Leute abgefertigt sind? warum nicht? worum (um was) bittet er den Postbeamten? was für ein Mann war dieser Veamte? was antwortet er dem Lehrling auf seine Vitte um schnelle Abfertigung? welches wort ist glücklicherweise auf der Vepesche vermerkt? was bedeutet das wort „dringend" vor der Aufschrift eines Telegrammes? wieviel beträgt die Telegrammtaxe im Verkehr mit Deutschland für jedes wort? wieviel beträgt die Gebühr für dringende Tele-

gramme? warum muß der Lehrling sich beeilen, um ins Geschäft zurückzukommen?

Auf welche Art wird die Ware der Firma meistens an auswärtige Aunden befördert?

wem gehört in Deutschland die Eisenbahn, ebenso wie das j)ost-und Telegraphenwesen?

Auf welche Art kann Ware sonst noch spediert werden?

was muß man mit einem Aollo thun, um es bahnfertig zu machen? wie werden versicherte Aolli gewöhnlich versandt? wieviel teurer ist Eilgut als die gewöhnliche Fracht? welche Züge befördern Frachtgut und welche Eilgut? was für einen öchein muß man für die Aolli ausschreiben, welche zu Wasser verladen werden sollen? wieviele Exemplare des Ladescheines braucht man und wer erhält dieselben? was enthält ein Aonnossement und wozu dient es? was kann man mit dem Ladeschein thun?

Um welche Zeit müssen die Aolli bei Wilhelm Vrünn A To. für den Spediteur fertig sein?

wie lange ist der Lehrling schon im Geschäfte?

Arbeitet er ganz allein im öpeditionsraume?

56 coi«i5kcii. «ii«il warum ist er im Geschäfte sehr nützlich? weshalb hat Herr Schwarz ihn erst neulich gelobt? was schreibt der Lehrling besonders schön und sauber? wo hat er im Geschäfte angefangen und wohin arbeitet er? warum darf man hoffen, daß sich der Lehrling schnell im Geschäfte hinaufarbeiten wird?

Zwölfte Übung 45-tesestück

Ls ist Zeit, daß die Firma ihren Reisenden aussendet, um die Bestellungen für das Frühjahr einzuholen. Der frühere Reisende, Herr wild, war des Geschäftszweiges im höchsten Grade kundig, aber er wurde eines kleinen Vetruges verdäch 5 tig und, als man in Folge dessen seine Spesenrechnung sowie seine anderweitigen Abrechnungen mit der Firma genau untersuchte, fand man, daß er der Unterschlagung einer bedeutenden Summe schuldig sei. Vbwohl Herr Vrünn dieser Sache ganz

sicher war, so wollte er doch, der Familie des iungen INannes , und dessen früherer guten Dienste eingedenk, denselben nicht gerichtlich verfolgen; jedoch wurde er selbstverständlich sofort entlassen.

wie man sich erinnern wird, hatte Herr Vrünn vor einigen Wochen einen Vrief von einem gewissen Herrn Vlau, dem 15 Vruder der Frau Aöhler in Leipzig empfangen, welcher ihm seine Dienste als Reisender anbot. Diesen ließ er nun bitten, ihn zu besuchen und, da der junge Mann ihm der geschäftlichen Thätigkeit fähig und der Vranche völlig mächtig schien und außerdem einer Stellung sehr bedürftig war, so engagierte 2 er denselben als Reisenden für die Firma wm. Vrünn 6c Co. Am nächsten Tage stellte er ihn dem Personal folgendermaßen vor: „Dieses ist Herr Vlau, unser neuer Reisender; er wird die Stellung desjenigen einnehmen, der das Geschäft leider verlassen mußte, wir alle haben jenen ungern verloren, denn wir waren seiner Tüchtigkeit wohl bewußt, aber er hat sich unseres Vertrauens nicht wert (unwert) und unserer Achtung nicht würdig (unwürdig) gezeigt. Herr Vlau ist voll der besten Hoffnung, daß er dem Geschäfte als Reisen 5 der viel nützen kann. Ich brauche Sie nicht zu bitten, daß Sie ihm freundlich entgegenkommen, denn ich bindessen gewiß." Herr Vlau geht sogleich an die Arbeit, seine Mustersammlung für die Reise zusammenzustellen. Aarl, der Lehrling, soll . ihm dabei helfen; derselbe hat zwar schon oft Muster ge i« schnitten und ist dieser Arbeit überdrüssig, aber Herr Vlau ist ein liebenswürdiger junger Mann und einem solchen hilft jeder gern. Von einer Anzahl von Stücken sind bereits Muster vorhanden; dieselben können wieder gebraucht werden, aber von den neuen Stücken müssen Muster in die Sammlung ein 15 gefügt werden, und das macht viel Mühe, sodaß zur Mittagszeit Herr Vlau sowie der Lehrling ihrer Beschäftigung müde sind und, als es endlich zwölf schlägt, sind sowohl dieser wie jener der Unterbrechung ihrer Arbeit herzlich froh.

Am nächsten Tage soll Herr Vlau auf

die Reise gehen. Lr

« holt deshalb aus dem Tomptoir das Reichs-Aursbuch. Dieses enthält den amtlichen Fahrplan, welcher jährlich zu bestimmten Terminen und zwar am ersten Januar, März, Mai, Juni, Juli, August, September, Oktober und November, — also am ersten jedes Monats, mit Ausnahme des Februar,

«5 April und Dezember —, vom Aursbüreau des Reichs-Post . amtes herausgegeben wird. Dieses Kursbuch bringt alle Lisenbahn-und Dampfschiff-Verbindungen für den Verkehr in Deutschland. In den Fahrplänen ist die Nachtzeit von 6'Uhr abends bis 5 Uhr 59 Minuten (5) morgens durch 2 Unterstreichen der Minutenziffern bezeichnet. Herr Vlau studiert seine Route; er möchte den Schnellzug um 8" morgens benutzen, aber er sieht, daß derselbe im Fahrplane mit einer starken linie (») bezeichnet ist. Das bedeutet, daß dieser Zng nur erste und zweite Wagenklasse (1.-2. AI.) hat; Herr Vlau 35 will aber dritter Klasse (3. AI.) fahren; er sucht also einen Zug, welcher mit einer schwachen senkrechten Cinie(I) bezeich net ist; ein solcher geht um 9' morgens. Herr Vlau packt seine Aoffer und beauftragt einen Hausdiener, sein Gepäck rechtzeitig zur Vahn zu bringen. Am nächsten Morgen ist er selbst bereits um 85 auf dem Vahnhofe und löst sich eine Fahr5 karte (ein Villet) nach Sommerfeld. Der Fahrpreis in der dritten Alasse beträgt 4 f)f. pro Uilometer, halb soviel als in der ersten Ulasse. Herr Vlau kann keine Rückfahrtkarte brauchen, denn er will auf einer anderen Route zurückkommen und jedenfalls mit einem Durchgangszuge (V-Zuge). Einen sol 1 chen benutzt man nur für größere Entfernungen; man kann in einem O-Zuge von einem wagen in den andern durch den ganzen Zug gehen, während man in die wagen der anderen, gewöhnlichen Züge nur von außen einsteigen kann. Herr Vlau geht mit seiner Fahrkarte zur Gepäck-Abfertigung; dort findet 15 er bereits den Hausdiener mit seinen Aoffern, seiner Reisetasche und Reisedecke; er giebt sein großes Gepäck auf und muß 7!N. Überfracht zahlen. Den Gepäckschein steckt er in seine Vrieftasche und geht mit dem Hausdiener, welcher das Handgepäck trägt, auf den Perron (Fahrsteig). Der Zug ist

« fast zum Abgange fertig. Der Schaffner ruft: „Einsteigen I"

'Herr Vlau steigt in ein leeres E-oups m. Al.; die ötationsglocke läutet, der Zugführer pfeift und ruft „Abfahrt," und der Zug setzt sich in Vewegung. Derselbe hat wenig Aufenthalt unterwegs, und wird in vier stunden in Sommerfeld an» 25 kommen.

Vokabeln penLe Account duLineZz Achtung,/., rezpect weshalb wurde er dennoch entlassen?

wie entdeckte man, daß Herr wild der Unterschlagung schuldig sei? wurde derselbe gerichtlich verfolgt? warum wollte Herr Brunn ihn nicht gerichtlich verfolgen lassen? von wem hatte Herr Vrünn vor einigen Wochen einen Vrief empfangen? was bot Herr Vlau ihm in diesem Vriefe an? was that Herr Vrünn nun eingedenk dieses Briefes?

Aus welchen Gründen engagierte er den jungen Mann?

wie stellte er diesen seinem personale vor? (yuuw M-. V.'s i-eniklkz in iull. ) was sagte Herr Vrünn bezüglich des früheren Reisenden? (II«e iiulirect 5peecK). wessen, sagt der prinzipal, sei der neue Reisende voll? wessen ist Herr Vrünn sicher bezüglich seines Personals?

An welche Arbeit geht der neue Reisende sogleich?

wer hilft ihm bei der Arbeit?

Ist der Lehrling der Arbeit des Musterschneidens froh?

weshalb ist er dieser Beschäftigung überdrüssig? warum hilft er Herrn Vlau dennoch?

Müssen von allen Stücken auf 3ager Muster geschnitten werden?

Von welchen Stücken müssen Muster in die Sammlung eingefügt werden? wessen sind Herr Vlau und der Lehrling um zwölf Uhr froh? warum sind sie der Unterbrechung froh? was soll Herr Vlau am nächsten Tage thun? was holt er aus dem Tomptoir? was enthält das Reichskursbuch? wann und von wem wird dasselbe herausgegeben? was bringt das Reichskursbuch? 52 ccMkiLKcii. (-

ekkln wie ist in den Fahrplänen die Nachtzeit bezeichnet? welche stunde» werden als Nachtzeit angesehen? was studiert Herr Vlau im Uursbuch? welchen Zug möchte er benutzen? warum benutzt er denselben nicht? In welcher Alasse will Herr Vlau fahren?

wie ist die dritte Alasse auf den, Fahrplane bezeichnet? wann geht der Zug des Herrn, Vlau? was packt Herr V. ? welchen Auftrag giebt er dem Hausdiener? wann ist er selber am nächsten Morgen auf dem Bahnhofe? wohin löst er seine Fahrkarte? wieviel beträgt der Fahrpreis pro Ailometer? warum löst der Reisende keine Rückfahrtkarte? wofür benutzt man einen Durchgangszug? was ist der Unterschied zwischen einem solchen und einem gewöhnlichen Zuge? wohin geht Herr Vlau seines Gepäckes wegen? was giebt er auf? wieviel Überfracht kosten seine Aoffer? was für Gepäck hat Herr Vlau außer seinen Uoffern? was erhält derselbe für sein Gepäck? wohin geht er mit dem Hausdiener? was trägt der letztere? was ruft der Schaffner? was thut der Reisende, wie er das hört? was geschieht dann weiter, ehe der Zug sich in Vewegung setzt? .

Hält der Zug auf jeder Station unterwegs?

Wann wird derselbe in Sommerfeld ankommen?

Dreizehnte Übnng 49. teseftüct

Herr Vlau hat sein Handgepäck zusammengesucht, denn der Zug läuft eben in die Station Sommerfeld ein, und der Schaffner ruft den Namen derselben aus. Herr Vlau beugt sich aus dem Fenster und winkt einem Gepäckträger. Dieser kommt 5 an den wagen und empfängt das Handgepäck. Herr Vlau steigt nun aus und entledigt sich seines Überziehers, welchen der Gepäckträger ebenfalls an sich nimmt; dann giebt er demselben seinen Gepäckschein. Herr. Vlau ist auf diese Weise aller Mühe bezüglich seines Gepäckes enthoben; er zeigt seine Fahr 1 karte vor, ehe er den jDerron verlassen darf, geht nach der Haltestelle' für Droschken und nimmt in einer derselben Olatz. Vald kommt der Gepäckträger mit den Roffern,

welche ihm gegen den Gepäckschein ausgeliefert worden sind, und dem übrigen Gepäck. Der Reisende bezahlt den Gepäckträger und sagt zum 15 Droschkenkutscher: „Fahren Sie nach dem Hotel zur deutschen Arone." Nach zehn Minuten hält die Droschke vor dem Hotel; der sortier öffnet den wagenschlag und ein Hausdiener bemächtigt sich des Gepäckes. Herr Vlau bezahlt den Rutscher und fordert ein Zimmer; der Oberkellner geht ihm voran; im 2« ersten Stock ist bereits alles besetzt, aber im zweiten Stock sind Noch Zimmer frei. Von diesen wählt der Reisende das geräumigste, einigt sich mit dem Vberkellner über den f)reis und bittet, sein Gepäck sogleich heraufzubringen. Nachdem dies geschehen ist und er sich gewaschen, gekämmt und vom Staube 55 gereinigt hat, sieht er seine Muster durch und schnürt eine Auswahl derselben in ein packet, denn er will noch heute einige Runden besuchen. Zuerst geht er aber ins Restaurant, denn er bedarf einer guten Mahlzeit, ehe er an die Arbeit geht. 3r bedient sich der kleineren Speisekarte, auf welcher die fertigen 2 Gerichte stehen, und während er der guten Dinge harrt, die er bestellt hat, wirft er einen Vlick in das „Verliner Tageblatt." 54 cuiziKiQ (Kin

Er freut sich der guten Nachrichten von der Vörfe, aber die politischen Artikel sind nicht erfreulich. Im Reichstage fpotten die Socialdemokraten der Gesetzesvorschläge der Konservativen und werden wiederum von diesen der schrecklichsten vergehen 5 gegen das Staatswesen angeklagt und des Verrates am Vaterlande beschuldigt. Auch von dem Falle Meyer steht wieder etwas in der Zeitung. Line Anzahl hervorragender Geschäftsleute in Verlin, welche sicher erwartet hatten, daß Herr Meyer des Vetruges freigesprochen werden würde und welche

«nicht glaubten, daß derselbe dieses Verbrechens überführt worden sei, haben sich des unglücklichen Mannes angenonunen und eine Petition bei der Regierung eingereicht, daß dieselbe sich seiner traurigen 3age erbarmen und ihn nicht länger seiner Freiheit berauben möge. Herr Vlau legt die Zeitung fort, 15 denn soeben kommt der Uellner mit seinem Essen; er speist mit großem Appetit, trinkt jedoch nur Wasser, denn er muß sich, seines schwachen Magens halber, der größten Mäßigkeit befleißigen und enthält sich deshalb aller starken Getränke. Nach dem Essen geht Herr Vlau nach dem Wäschegeschäft von 2 F. Reichardt. Dieses ist das größte Geschäft in dieser Vranchc in Sommerfeld; es erfreut sich eines ausgezeichneten Rufes und rühmt sich eines hohen Alters. Herr Vlau tritt in den 3aden ein und sieht hinter dem Ladentische sofort ein bekanntes Gesicht. Einen Augenblick kann er sich des Namens des Herrn

«5 nicht entsinnen, aber dann erinnert er sich seiner Schulzeit auf der Realschule und es fällt ihm plötzlich ein, daß der Herr sein Schulkamerad Oaul Stark ist. Herr Stark freut sich, ihn endlich einmal wiederzusehen, versichert ihn seiner unveränderten Freundschaft und stellt ihn seinem prinzipal, dem Herrn z Reichardt, vor. Dieser, ein wunderlicher alter Herr, sagt ganz kurz: „Ich brauche heute nichts," und würdigt die Muster, welche Herr Vlau ausgepackt hat, keines einzigen Vlickes. Im nächsten Augenblicke schien er sich aber doch seiner Grobheit zu schämen und seiner langen Freundschaft mit der Firma U?il ,5 Helm Vrünn sc Eo. zu gedenken und ließ sich schließlich sogar herbei, die Muster anzusehen und einige Sachen zu bestellen.

, lHNt
Restauration, /., re«.
tuurnt Mahlzeit,/., rneI speise,/., tcxxl speisekart?/.,d!II ollere Gericht, «,, 6iZu Ding, »., tbin Nlick, »?., ßlnce, loolc Vlatt,»,, «Keet olpper, newLpÄper Tageblatt, «,, journal Nachricht,/., nevL Vorse,i cxcnÄNe Artikel, /»., article Reichstag,«,,pillÜÄment so-cialdemokrat,?«., Zo cialiLt 'Gesetz, ».
, lav Vorschlag,?«,, propozi tiun Gesetzesvorschlag, «., pÄlliainentar/ dill lion Getränk, «., deveraße
Alter, «,, He, lenAtb
ol exiZtence
Gesicht, »»., tace schule,/, «clioul
Realschule, /., 3, zcbool

preparin lor tue uni velLit/ anH ivinß proininence to tue practica Lille. Uamerad,?«., conu-aäe Freundschaft,/., trienä Zbip
Grobheit,/,, rnÄeneLZ
genehmen, »,, denavior larlfen, ie, au, inn einlaufen («/. ««/.),
enter rufen, ie, u, call ausrufen («/. co»l/ .),
clül out beugen, denä
llelivel halten, ie, a, Ltop, uolcl bemächtigen, sich (?eH/z
F«.), tIce poLZeLziun (t) fordern, cleinllnä, Ä«lc lor vorangehen,ging voran, vorangegangen (/. w»l/,), precete besetzen, occup wählen, cl«x8e einigen, sich, »ßree waschen, u, a, «azb kämmen, coind reinigen, clean durchsehen, a, e (e/. w?«/.), loulc llirouIi, lool ovel schnüren, tie up bedürfen (?c,« H?». ),(bedarf, bedurfte, bedurft), neecl, de in nee1 (ot) bedienen, sich(?lV//«A«,), inlllie uze (ui) IXtor) harren (?c,//H H««. ), wait a) H,s Zinnie obect crdle 26, «): bedürfen, gedenken, spotten, etc.
Hx»Mp1e». Herr Vlau bedarf einer Mahlzeit. Herr Reichardt gedenkt seiner langen Freundschaft mit Wilhelm V. 8c Co. Die 5ocialdemokraten spotten der Gesetzesvorschläge der Konservativen.
5) 3 3econ62rx c»r remate ob'ect (lable 26, «): anklagen, beschuldigen, würdigen, etc.
Hxu,lllv1ß». Die Socialdemokraten werden der schrecklichsten vergehen angeklagt und des Verrates beschuldigt. Herr Reichardt würdigt die Muster keines einzigen Vlickes.
5) KeNexive vert3 taKinA tle Genitive A3 5eccn6al'x «bect Cludie 26, ): sich bemächtigen, sich bedienen, sich freuen, etc.
üxample». «Lin Hausdiener bemächtigt sich des Gepäckes. Herr Vlau bedient sich der Speisekarte; er freut sich der guten Nachrichten'von der Vörse.
Übung.?in1 tuese verd« in tbe re»6inß Ie««on 2NI verit/ tke caze cf tbeir ndect nr udecw, 52. Fragen warum sucht Herr Vlau sein Handgepäck zusammen?
wer ruft den Namen der Station aus? wem winkt der Reisende? was

empfängt der Gepäckträger? wessen entledigt sich Herr Vlau? wessen ist er auf diese weise enthoben? was muß er thun, bevor er den f)erron verlassen darf? wohin geht er und worin (in 4-was) nimmt er f)latz? womit (mit was) kommt der Gepäckträger bald?

Nach welchem der Hotels fährt Herr Vlau?

was öffnet der sortier? wessen bemächtigt sich der Hausdiener? wen bezahlt der Reisende, bevor er ins Hotel geht? was fordert Herr Vlau? wer geht ihm voran? wo sind noch Zimmer frei? 58 c(M5IKI«l. lIKKIUN welches der Zimmer erwählt der Reisende? worüber einigt er sich mit dem Oberkellner? was soll sogleich heraufkommen? was that Herr V., als sein Gepäck oben war? wovon reinigte er sich dann? was thut er mit den Mustern? wen will er heute noch besuchen?? warum geht er zuerst in die Restauration? welcher der Speisekarten bedient sich Herr Vlau? was für Gerichte stehen auf dieser Speisekarte? was thut Herr V., während er auf das Essen wartet?, wessen freut er sich? wessen spotten die 5ocialdemokraten? wessen werden sie von den Konservativen angeklagt und beschuldigt? wovon steht sonst noch etwas in der Zeitung? was hatten die Verliner Geschäftsleute bezüglich des Falles Meyer erwartet und was glaubten dieselben nicht? was für eine Petition reichten diese Uaufleute ein? womit kommt der Aellner? warum trinkt Herr Vlau nur Wasser? wohin geht er nach dem Essen? was für ein Geschäft ist das des Herrn Reichardt? wessen erfreut und rühmt sich dieses Geschäft? was sieht Herr Vlau hinter dem Ladentische? wessen erinnert er sich und was fällt ihm plötzlich ein? wessen versichert ihn Herr Stark und wem stellt er ihn vor? was für ein Herr ist Herr Reichardt? wie begegnet er Herrn Vlau zuerst? warum veränderte er dann sein Venehmen? wozu ließ er sich schließlich herbei? vierzehnte Übung 53-ceseftüct
Von Sommerfeld reiste Herr Vlau nach Vreslau weiter. Da die Firma Wilhelm Vrünn sc o. vor einigen Monaten ihrem Lngrosgeschäfte eine wäschefabrik

hinzugefügt hatte, so war es nötig, ihren Uundenkreis bedeutend zu vergrößern 5 und viele neuen Beziehungen anzuknüpfen. Da aber Herr Vrünn in Vreslau noch wenige Verbindungen besaß, so hatte er einten seiner Geschäftsfreunde um die Gefälligkeit gebeten, seinen Vertreter an ein dortiges Haus zu empfehlen, welches demselben bei der Anknüpfung neuer Beziehungen in den Vrt i schaften jener Umgegend behülflich sein könnte. Herr Vlau besuchte demgemäß das betreffende Haus zuerst und gab seinen Empfehlungsbrief ab. Dieser lautete folgendermaßen:

Nachdem Herr Vrandt diesen Vrief gelesen hatte, sagte er, es wäre ihm lieb, Herrn Vlau kennen zu lernen, und derselbe wäre ihm sehr willkommen; er sei der Firma 3. H. König sc 5ohn für viele Gefälligkeiten Dank schuldig und würde gern, 5 ihrem Wunsche gehorsam, Herrn Vlau die gewünschte Auskunft über die Geschäftshäuser geben, die demselben fremd wären. Das erste Geschäft, das Herr Vrandt dem Reisenden nannte, war das von L. U?. Alamm, nahe dem Rathause. Lr sagte, Herr Alamm sei dem Herrn Reichardt in Sommer feld darin ähnlich, daß er einem neuen Reisenden nie gnädig sei; da viele Reisenden ihm durch ihre Zudringlichkeit lästig geworden seien, so sei er jetzt nur denen hold, die er schon lange kenne; er behaupte, Zudringlichkeit sei allen Geschäftsreisenden eigen und gemein; darin sei einer dem anderen gleich, und ein

»5 wenig Grobheit sei deshalb allen heilsam. Herr Vrandt gab unserm Freunde Vlau aus diesem Grunde einen Vrief an L. N). Alamm, und der Reisende wurde in Folge dessen ziemlich höflich empfangen.

Herr Vlau besucht noch mehrere Geschäfte in Vreslau, deren Besitzern er sich als der neue Reisende seiner Firma vorstellt, und er versichert die Herren, daß er ihnen für ihre Kundschaft dankbar sein würde, und daß er jederzeit pünktlich ausfuhr«,, 5 würde, was man ihm an Vestellungen aufgäbe. Denjenigen Geschäftsleuten, die ihn bereits kennen und ihm persönlich geneigt und gewogen sind, ist seine Verbindung

mit! V. B. öc o. sehr angenehm, und sie versprechen, daß sie in Zukunft ihre Auf» träge lieber ihm als seinen Konkurrenten geben würden. «Lin i guter Vertreter ist einem Geschäfte ebenso nützlich, wie ein nachlässiger Reisender demselben schädlich ist; es ist nicht nur nötig, daß einem Geschäftsreisenden die Artikel, mit deren Verkauf er sich beschäftigt, genau bekannt sein müssen, sondern er muß zu gleicher Zeit seinem Hause völlig treu und seinen Kunden ,5 möglichst dienlich sein. Allerdings ist es auch wichtig, daß ein Geschäftshaus der Konkurrenz gewachsen, wenn nicht überlegen sei, denn einen, Hause zu dienen, dessen man sich schämen muß, ist einem Reisenden immer verhaßt.

Kreis, m,, circle

Veziehung,/, i-eltion

Verbindung,/,, conneo
üon

Gefälligkeit, /,, Kvor,

Vrtschaft,/, tuvn, place

Umgegend, /,, vicinit'

Gegend,/., vicinit/

Empfehlungsbrief,,«,,
tioü ?-introcluctiun Gefahr, /,, äner Aufnahme,/,, incorpo.
rtion

Nutzen,?«,, prusst

Güte, /,, A0o1ne?Z

Vekanntschaft, /,, ao uainwnce

Vegrüßung,/, reetin

Auskunft,/,, Information

Zudringlichkeit,/., im
portunit

Grobheit,/. ruäene««

Vefitzer,?«,, proorietor

Kundschaft,/,p!ttrunllAe

Kraft, /,, (//, Kräfte),
nlnver, «dilil/

Konkurrent,?«., com.
Petitor

Konkurrenz,/, competitiou reisen, travel vergrößern, enlare anknüpfen 0/, -»/«/,),
tie on, oein empfehlen, a, o, recom.
menl behülflich sein, belp, a«. «ist abgeben (/. ?,«/.), ie liver lauten,zoun6,de vor6e6; der Vrief lautet folgenderinaßen, tbe letter read» il« lolluxvz etablieren, Wwdli7K bereisen lassen, Zen6 A erlauben, allow, permit

erlauben, sich (/?«o«a/ talie t!e lidert/ adressieren, »66rez8, cli. rect, «end lmäicate bezeichnen, point out, nelptul (tc) dankbar («,l/H Hl/,), ratetul (tu) beschränkt, liinitect wenig, little freundschaftlich, triencl. ergeben, äevoteä t2!-x (tu) ziemlich, tulei-adle.pretty geneigt («v/H Hl/.),
lrienill/ (tu)
gewogen (wl/H Hl/.),
trienIx (tu), attacned (tu) angenehm («l//i Hl/.), areeadle (tu) pfen, lulin relatiun» im voraus, in aclvance vorkommenden Falls, il nccaziun prezentZ itzell belieben 5ie, über uns zu verfügen, pleaze tu inalce uze uf uz es ist mir lieb, it 15
»ßreeadle tu ine, I am
ßlaä nach Kräften, accurctin tu adilit
55

Grammatik i. I'lte relative pronouns an6 tlieii' 6eclen3ic»n. (Tadle n.) 2,
V6ective8 vitli tke 6ative. (Tadle 27.)
üxmplß». Ein guter Verkäufer ist einem Geschäfte nützlich; er muß seinem Hause treu und seinen Runden dienlich sein. Rtc.

ÜbuNG.?in1 tlie»e aHectivez in tke reaclinlz lezzun ant verity tbe caze nl tbe nuunz «r prunnunL inuc!iet d tnein.

"Kecapitulate tue letter, nrzt oi-»,»,
tden in vritinß; uze tue

DnIizli verzinn at tne end nk tniz lezZon nze (elinan zclint, il it lill« deen tilunt; nntice diNerence in türm «f sunei'zclintinn and «nn
«crintinn in LnIiiZn »(I (-ermn.
Fünfzehnte Übung 57. ceseftüct
Herr Vlau hat heute morgen einen Vrief von seinem Hause erhalten; derselbe lautet so 78 cozMKKcVI. RKIU'
Herr Vlau kam abends etwas müde ins Hotel zurück und setzte sich gleich nach dem Abendbrot in sein Zimmer, um seine Uorrespondenz zu besorgen. Lr klingelte nach Oapier, Dinte und einer Feder, und nachdem der Aellner ihm ein 5chreib Z zeug gebracht hatte, antwortete er zuerst seiner Firma auf den heutigen Vrief:

Nachdem Herr Vlau diesen Vrief in den Vriefkasten geworfen hat, macht er noch einen kurzen Spaziergang, denn es ist ein wunderschöner Abend, an dem jedermann gern im Freien ist. Aeiner geht bei solchem Wetter früh zu Vette; ein 5 jeder sucht einen kühlen stlatz, und wo gute Freunde beisammen sitzen, hört man manch ein schönes 3ied. Als Herr Vlau ins Hotel zurückkam, sagte ihm der sortier, es sei jemand dagewesen, um ihn zu besuchen; er habe aber keine Uarte abgegeben und auch sonst nichts für Herrn Vlau hinterlassen. Va Herr Vlau wenigen seiner Vreslauer Freunde und Verwandten mitgeteilt hatte, daß er sich dort aufhalten werde und niemand einen Vesuch gemacht hatte, so wunderte er sich, wer sein später Vesuch gewesen sein könne.

sechzehnte Ubnng 61. Leseftück

Herr Vlau setzte seine Reise fort, machte sehr gute Ge schäfte und reiste endlich, nachdem er seine Route beendet hatte, nach Verlin zurück, (obwohl dies seine erste Geschäftsreise war, so hatte er dennoch bereits bewiesen, daß 5 Herr Vrünn Recht hatte, als er ihm sein Vertrauen schenkte, denn er hatte seine schwierige Aufgabe gelöst, als ob er schon seit vielen Jahren an das Reisen gewöhnt wäre, und er hatte weder eine Gelegenheit versäumt, Ware zu verkaufen, noch dieselbe billiger verkauft, als es für das Geschäft von Nutzen 10 gewesen wäre.

Als er in das Geschäft zurückgekehrt war, ließ ihn Herr Vrünn sogleich in das Tomptoir rufen, da er mit ihm sprechen wollte. Sobald der Reisende dem Ehef gegenüber f)latz genommen hatte, sagte dieser: „Ls freut mich, lieber Herr .5 Vlau, daß ich Ihnen zu dem Erfolge Ihrer Reise Glück wünschen kann; aber dies ist nicht genügend, — ich muß Ihnen außerdem noch mitteilen, daß Sie dem Geschäfte so treu gedient haben, als ob es Ihr eigenes wäre. Deswegen beschlossen meine Teilhaber und ich gestern, Ihr Gehalt vom 86 (HKMDkci «LKKlX ersten Januar an zu verdoppeln, aber um Ihnen sogleich einen Veweis unserer Zufriedenheit zu geben, haben wir den Aassierer beauftragt, Ihnen als Geschenk Zcc!Nk. auszuzahlen. Ls wird wohl einige Monate dauern, bevor 5le wieder auf 5 die Reise zu gehen brauchen, jedoch können 5ie sich inzwischen entweder im iger oder im Laden beschäftigen, seitdem unser

ötadtreisender, Herr Walter, so krank war, wird es ihm oft schwer, alle seine Runden zu besuchen; deswegen möchte ich Sie auch bitten, daß Sie ihm, während Sie in Berlin l sind, zuweilen ein wenig helfen."

Herr Vlau spricht seinem Chef seinen herzlichsten Dank aus; er sagt, es wäre wohl wahr, daß er dem Geschäfte nach Kräften gedient hätte, weil ihm viel an der Zufriedenheit feiner prinzipale läge; allein er wäre nicht sicher, ob er halb 15 so viel Ware-verkauft hätte, wenn er nicht fo gut von seinem Hause unterstützt worden wäre; folglich dürfe er sich nur einen Teil des Verdienstes zurechnen. Er werde sich bemühen, sich das Vertrauen seines Ehefs auch in Zukunft zu bewahren.

2 Nachdem Herr Vlau aus dem Eomptoir entlassen worden war, fetzte er sich an einen Schreibtisch im Lager, da er versprochen hatte, einigen seiner Runden von Verlin aus zu schreiben. Lr schrieb also die folgenden Vriefe:

Herr Vlau freut sich natürlich sehr über die Anerkennung seiner Dienste seitens der Firma und beschließt, einen Teil der ihm geschenkten zoc»!Nk. auf ein kleines Festessen im Albrechtshof zu verwenden, zu dem er das ganze Personal der Firma einzuladen gedenkt. wir sehen also am folgenden Sonnabend Abend alle unsere Freunde beisammen: — da ist Herr Vrünn nebst seinen Teilhabern, der Buchhalter, die ladendiener, Herr Schwarz, Herr Dumm,Uarl nebst mehreren anderen Lehrlingen u.s.w. Auch Herr Gtto Müller nebst seinem Sohne Albert und Herr l.H.Uönig sind gekommen.

Per Abend verläuft allen Anwesenden höchst angenehm und sie trennen sich spät abends in bester Stimmung und mit dem Rufe:

„Auf wiedersehen Montag im Geschäfte." ccintinue beweisen, ie, ie, provc schenken, ßive, prezent, ßlllNt lösen, Lnlve gewöhnen, aceuztom versäumen, W«e, mis«, neIect trennen, sich, zepraw stattfinden, fand statt, stattgefunden!.

wm/,), take place endlich, Nnal

schwierig, dikücult eigen, cnvn sämmtlich, all, entire w«««/wl'). eitlier,.. or seitdem (5«6/. w»/.), «ince allein (/« w«/.). dut ob («.w»/ ',),vletlier folglich (an. w»/.), conLeuentl sonst wäre es uns aber lieber, etc. Inzwischen bin ich gern bereit, etc.

H. 5udcs6in2tinA colyunctiang (cuzinA tr2N8pci3iticn): nachdem, obwohl, daß, als, etc.

üxlllluple». Nachdem er seine Route beendet hatte, etc. Obwohl dies seine erste Reise war, etc. Er hatte bewiesen, daß Herr V. recht hatte, als er ihm sein vertrauen schenkte.

IlbUNg. Denne tne cuiunction« i» tne reactiiiß lezzon »nI Li«,«' t!eir effect, it anx, uun tke cunLtructiu» ul tke «entence. nale lncl plrZe ever zentence in tbe reactinß Ie«zui.

64. Fragen was für Geschäfte machte Herr Vlau? was that er, nachdem er seine Route beendet hatte? was hatte er bewiesen? wie hatte er seine Aufgabe gelöst? was hatte er nie versäumt? was geschah, als Herr Vlau ins Geschäft zurückgekehrt war? was sagte Herr Vrünn zu seinem Reisenden? was antwortet Herr Vlau seinem prinzipal? was that der Reisende, nachdem er aus dem Comptoire entlassen war? was hatte er versprochen? was schrieb er an 5ilcher sc !o.? wie lautete sein Vrief an Moritz Haupt? worüber freut sich Herr Vlau? was beschließt er? wen gedenkt er zum Festessen einzuladen? wann fand das Festessen statt? wer war bei demselben anwesend? wie verlief der Abend? wann trennten sich die Herren?

In welcher Stimmung gingen sie auseinander? was riefen sie einander zu, als sie sich trennten? 1) Der Kassierer der Firma giebt dem Kunden das Kleingeld, 2) Herr Vrünn kauft Ware in der Fabrik seines Freundes, der die welcher welche wer, «H? was,?elH

1. der die das die, «,H, or wi 3. dessen deren dessen deren, 5/ wom, 0/ «H«5 D, dem der dem denen, 7e//io,«, il ie , den die das die,?l,Ha,«,?eH?/

Ilots. (uinHre tlie cleclension «f tke

relative pi-onoun der, die, das will» tliut «f tl,e äeinonztrtive prnnuun der, die, das lldle,.

ich werde werden du wirst werden er wird werden wir werden werden ihr werdet werden sie werden werden ich werde geworden sein du wirst geworden sein er wird geworden sein wir werden geworden sein ihr werdet geworden sein sie werden geworden sein ich werde werden du werdest werden er werde werden wir werden werden ihr werdet weiden sie werden werden

tuture?erlect ich werde geworden sein du werdest geworden sein er werde geworden sein wir werden geworden sein ihr werdet geworden sein sie werden geworden sein (onäitional ich würde werden du würdest werden er würde werden wir würden werden ihr würdet werden sie würden werden

kresent ich liebe du liebest er, sie, es liebe wir lieben ihr liebet sie, Sie lieben Imperlect ich liebte du liebtest er liebte wir liebten ihr liebtet sie liebten ?eriect ich habe wir haben du habest ihr habet geliebt er habe sie haben' ?Iuperlect ich hätte wir hätten ) du hättest ihr hättet geliebt er hätte sie hätten ) kuture ich werde wir werden i du werdest ihr werdet lieben er werde sie werden ) ?uture?erect ich werde wir werden i du werdest ihr werdet -geliebt haben er werde sie werden' i. Ver beste Empfehlungsbrief

Auf die Annonce eines Kaufmannes, welcher einen Aontorknaben suchte, meldeten sich zc Anaben. Ver Raufmann wählte sehr rafch einen unter denselben und schickte die andern fort. «Ich möchte wohl wissen," sagte ein Freund, 5 „warum du gerade diesen Knaben, der doch keinen einzigen Empfehlungsbrief hatte, bevorzugtest?" — „Du irrst," lautete die Antwort. „Dieser Knabe hat viele Empfehlungen. Er putzte seine Füße ab, ehe er ins Zimmer trat, und machte leise die Thür zu; er ist daher sorgfältig. Er gab ohne Ve , sinnen seinen 5tuhl senem alten lahmen Manne, was seine herzensgute und Aufmerksamkeit zeigt. Er nahm seine Mütze ab, als er hereinkam, und antwortete auf meine Fragen schnell und sicher; er ist also höflich und' hat

Manieren. Er hob das Vuch auf, welches ich absichtlich ,5 auf den Voden gelegt hatte, während alle übrigen dasselbe zur Seite stießen oder darüber stolperten. Er wartete ruhig und drängte sich nicht heran — ein gutes Zeugnis für sein anständiges Venehmen. Ich bemerkte ferner, daß sein Rock gut ausgebürstet und seine Hände und sein Gesicht rein

«»waren. Nennst du dies alles keinen Empfehlungsbrief? Ich gebe mehr darauf, was ich von einem Menschen weiß, nachdem ich ihn zehn Minuten lang gesehen, als auf das, was in fchön klingenden Empfehlungsbriefen geschrieben steht." „Magdeburger Zeitung," 2, tvhittingtsn

»5 In Tondon hatte vor vielen, vielen Jahren ein reicher Kaufmann ein blutarmes Rind, dessen Eltern gestorben waren, zu sich ins Haus genommen, weil der arme Junge, i?2 ciKc,'! i:Ku,K der Richard whittington hieß, noch sehr klein war, so konnte er anfangs zu nichts gebraucht werden; man ließ ihn im Hause herumlaufen. Da machte er sich nun selbst ein Geschäft daraus, verlorene Stecknadeln und hingeworfene Vind 5 faden aufzusuchen und sorgfältig zu bewahren, wenn er dann ein Dutzend Stecknadeln und eine Rolle Vindfaden gesammelt hatte, so brachte er beides zu seinem Herrn in die Schreibstube. Das gefiel dem Herrn wohl; denn er sah daraus, daß der Anabe haushälterisch und treu werden würde.

Von der Zeit an gab er sich mehr mit ihm ab und gewann ihn immer lieber. Da nun eines Tages der Hausknecht junge Aatzen ersäufen wollte, bat der Anabe seinen Herrn, er möchte ihm doch erlauben, eine davon aufzuziehen, um sie nachher zu verkaufen. Ls wurde ihm bewilligt und nun ,5 fütterte er das junge Aätzchcn, bis es groß geworden war.

Nach einiger Zeit wollte der Aaufmann ein großes Schiff mit waren nach einem fernen Tande senden, um sie daselbst verkaufen zu lassen. Als er nun sehen wollte, ob alles ordentlich eingepackt sei, begegnete ihm der Anabe, der seine - Aatze auf dem Arme

trug. „ Richard," sagte er zu ihm, „ hast du nicht auch etwas mitzuschicken, das du verhandeln könntest?" „Ach, lieber Herr," antwortete der Anabe, „Sie wissen ja wohl, daß ich arm bin und nichts als diese Aatze habe." — „Nun, so schicke die Aatze mit!" sagte der Aaufmann, und 25 Richard lief mit ihm hin zum Schiffe und setzte seine Aatze darauf. Das Schiff segelte ab.

Nach einigen Monaten kam es bei einem bisher noch nicht bekannten 3ande an. Man stieg aus und hörte, daß es von einem Aönig beherrscht würde. Da dieser erfuhr, daß

Z Fremde angekommen seien, lud er einige derselben zu sich und speiste mit ihnen. Obgleich Essen genug da war, konnte man doch fast keinen Vissen genießen. Das ganze Zimmer wimmelte nämlich von Ratten und Mäusen, und diese waren so dreist, daß sie scharenweise auf dein Tische umhersprangen, 25 sich der Speisen bemächtigten und sogar den Gästen den Vissen aus der Hand holten. Man hatte kein Mittel ausfindig machen können, sich von ihnen zu befreien, obgleich der Aönig den,, der ein solches fände, ganze Alumpen Goldes zur Belohnung versprochen hatte.

Da die Fremden dieses hörten, sagten sie dem Aönige, daß 5 sie ein Tier mitgebracht hätten, welches alle diese Ratten und Mäuse töten würde, und holten darauf die Aatze her. Diese richtete eine schreckliche Niederlage unter den Mäusen an, und in einer halben Stunde war im ganzen Zimmer keine einzige mehr zu sehen oder zu hören.

Der Uönig war sehr erfreut, diese beschwerlichen Gäste los geworden zu sein; und da er unermeßliche Reichtümer hatte, so gab er für die Aatze einige Tonnen Goldes hin. Das Zchiff eilte darauf nach London zurück. Der Aaufmann hatte kaum gehört, wieviel Gold die Aatze eingebracht hatte, 15 als er whittington zu sich kommen ließ, ihm sein Glück erzählte und ihm versicherte, daß alles ihm allein gehören sollte. 3r ließ ihn darauf die Handlung lernen, und da der junge Mensch fortfuhr, treu, fießig und sparsam zu sein, so gab er ihm, als er erwachsen war,

seine einzige Tochter zur
Lhe und setzte ihn zum Erben aller
seiner Güter ein.

Campe, ? Eine Ghrfeige zur rechten
Zeit

In einer Handelsstadt Norddeutsch-
lands lebte ein Aaufmann, Namens
Müller. Ihm begegnete oft ein junger
wohlgekleideter Mensch, der ihn immer
sehr freundlich grüßte. Herr Müller erwiderte den Gruß zwar gern, aber 25
da er sich nicht erinnerte, den jungen
Menschen j« zuvor gesehen zu haben,
so glaubte er, daß dieser ihn mit einem
andern verwechsele. «Lines Tages nun
war Herr Müller zu einem Freunde eingeladen, und als er zur bestimmten Zeit
in dessen Hause eintraf, fand er denselben jungen Mann schon 2 mit dem
Hausherrn im Gespräch. Der Wirt
wollte nun seine beiden Freunde
miteinander bekannt machen, aber der
jüngere sagte: „Das ist nicht nötig; wir
kennen uns schon viele Jahre." — „Ich
glaube, Sie sind im Irrtum," erwiderte
Herr Müller; „ich habe allerdings
manchen freund» lichen Gruß von Ihnen bekommen, aber sonst sind Sie mir
ganz fremd." — „Und doch kenne ich
Sie lange," antwortete 5 der sunge
Mann, „und ich freue mich, Ihnen heute
herzlich danken zu können." — „wofür
wollen Sie mir danken?" fragte Herr
Müller. — „Vas ist allerdings eine alte
Geschichte," versetzte iener; „aber
wenn Sie mir einige Augenblicke
zuhören wollen, so werden Sie sich
meiner doch vielleicht ‚noch erinnern."

„Eines Morgens ging ich in die
Schule. Ich war damals neun Jahre alt.
Als ich über den Marktplatz kam, waren
dort viele Aörbe voll der schönsten
Äpfel zu sehen. Ich bekam nur selten
Gbst und betrachtete da recht lüstern die
15 herrlichen, großen Apfel. Die Eigen-
tümerin sprach mit einer Nachbarin und
hatte deshalb ihrer Ware den Rücken
zugekehrt. Da kam mir der Gedanke,
einen einzigen Apfel heimlich zu
nehmen; ich dachte, die Frau behielte sa
trotzdem noch eine große Menge. 3eise
streckte ich meine Hand aus 2 und
wollte eben ganz vorsichtig meine
Veute in die Tasche stecken, da bekam
ich eine derbe Ohrfeige, so daß ich vor

Schrecken den Apfel fallen ließ.
„Junge!" sagte zugleich der Mann, der
mir die Ohrfeige gegeben hatte, „wie
heißt das siebente Gebot? Nun ich
hoffe, daß du zum ersten Male da 25
gegen sündigst; laß es zugleich das letzte Mal sein." — Vor Scham wagte ich
kaum die Augen aufzuschlagen; aber
doch ist mir das Antlitz jenes Mannes
unvergeßlich geblieben.— In der
Schule war ich anfangs sehr unaufmerk-
sam, ich glaubte immer noch von
neuem die Worte zu hören: 3aß es 3
das letzte Mal sein. Und ich nahm mir
fest vor: sa, es foll gewiß das erste und
letzte Mal sein. Aber auch lange nachher, wenn ich aus dem Aatechismus das
siebente Gebot aufsagen sollte, dachte
ich mit heftigem Herzklopfen an senen
Morgen. Als ich nach einigen Jahren die
Schule verließ, 25 ward ich Lehrling bei
einem Aaufmann in Vremcn; von dort
ging ich später nach Süd-Amerika. Hier
kam ich wohl manchmal in Ver-
suchung, in Uaufmannsgeschäften andere zu betrügen und so die Hand nach
fremdem Gute auszustrecken; aber dann
war es mir immer, als fühlte ich von
neuem die (Vhrfeige, und ich erinnerte
mich der Worte: laß 5 es zugleich das
letzte Mal sein, öö bin ich ehrlich
geblieben, und in dem Vermögen,
welches ich mit herübergebracht habe,
ist kein Pfennig unrechten Gutes. Gott
sei dafür gelobt!" 5o erzählte der junge
Mann; dann aber ergriff er die ‚Hand
des Herrn Müller und sagte: „Darf ich
nun diese Hand, die mir eine solche
wohlthat erwiesen hat, recht dankbar
drücken?" „Gldenburger volksbote." 4
Sprichwörter

Stillstand ist Rückgang. — Übung
macht den Meister. — Ghne Fleiß kein
preis. — Erst besonnen, dann begonnen.
— .5 Müßiggang ist aller Laster Anfang.— Vei deinem Thun gedenk' des
Sprüchleins stündlich: Lins nach dem
andern, aber gründlich. — wer Arbeit
liebt und sparsam zehrt, der sich in aller
Welt ernährt.— Tust und liebe zu einem
Dinge macht alle Arbeit und Mühe
geringe. — wie man sich bettet, so -
schläft man. — Lrst wäge, dann wage.
— Mit vielem hält man Haus, mit
wenigem kommt man aus.

5 Ver Kolenhofer Unabe

In 3olenhofen lebte vor vielen, vielen
Jahren eine arme Witwe mit ihrem
zwölfjährigen Anaben Venedikt. 5ie besaß eine kleine Hütte und einige Ziegen
und handelte neben25 bei mit weißem
Sand, den sie aus den Felsspalten grub.
Ihr Venedikt aber trieb im Sommer als
Ziegenhirtlein die Ziegen des Dorfes
auf die hohen, luftigen Verge. In die
Aost ging er bei den einzelnen Besitzern
der Ziegen der Reihe nach. An Unterhaltung fehlte es ihm auf den einsamen
i6 cniuivlkkci ci«!

Höhen nicht. Da lag der damals noch
unbenutzte Aalkschiefer so am Tage,
daß es ihm leicht ward, platten davon
herauszuheben und aus ihnen mit einem
ganz kleinen Hammer, den ihm noch
sein verstorbener Vater gemacht hatte, 5
regelmäßige Vierecke zu fertigen.
was man so unrichtigerweise Zufall
nennt, führte den Anaben auf eine
wichtige Erfindung. Venedikt legte einmal eine Schieferplatte, wie er sie aus
dem Voden gebrochen hatte, auf feinen
Schoß, zeichnete mit einer Uohle i von
seinem Hirtenfeuer ein Viereck darauf
und sprach dann bei sich: wenn ich fün-
fzig solche Tafeln hätte, könnte ich
meine ganze Hausstur damit belegen,
wo etzt die Hühner scharren, wenn es
draußen regnet. Und während er dies
dachte, klopfte er mit seinem Hämmer-
lein auf dem schnur 15 geraden.
Aohlenstrich sanft auf und ab. Anfangs
waren die Töne hell, dann wurden sie
dumpfer und immer dumpfer, bis zuletzt die Tafel gerade in der Richtung des
Aohlenstriches mitten entzweisprang.
Er machte es nun auf den anderen Seit-
en ebenso, und nachdem er einige
Minuten ge 2 klopft hatte, lag eine voll-
kommen viereckige platte auf seinen
Rnieen. Eine zweite gelang nicht minder, und so fort. Früher schon hatte er
manchmal zwei Schiefertrümmer
aneinander gerieben, um sie zu
polieren, und gefunden, daß er damit
am schnellsten zu stände kam, wenn er
von dem Sande, 25 mit dem seine Mutter handelte, dazwischen that und Wasser dazu nahm. Diese frühere Erfindung
wandte er nun auf seine Astastersteine
an und gewann so einige sehr schöne

platten.

Indes trieb er dies alles nur als Spielerei und sagte da 3 von niemand etwas, selbst seiner Mutter nicht. Seine schönsten Tafeln verbarg er da und dort unter einem Vusche. Eines Abends aber, als er eingetrieben hatte und mit seiner Mutter an der Suppenschüssel saß, erzählte sie ihm, daß sie mit Sand in Eichstädt gewesen sei und dort zufällig den 35,Vischof und alle Domherren in der neuen Airche gesehen habe, wo sie beratschlagten, mit was für Steinen der Fußboden belegt werden sollte. Zuletzt habe der hochwürdige Herr gesagt: „Nun, morgen um die elfte Stunde haben wir die fremden Steinmetzen hierher bestellt und wollen die Proben beschauen, die sie von allerlei Sand-und Ntarmelstein 5 bei sich haben. Aber wir fürchten, ein solches Pflaster möchte für unseren bischöflichen Säckel zu teuer kommen, wir werden uns wohl die Vacksteine gefallen lassen müssen, die am billigsten sind." — „So, so!" versetzte Venedikt, warf seinen Hornlöffel in die Tischlade, wünschte seiner Mutter eine gute i Nacht und ging unter das Dach hinauf in seine Schlafstätte.

Hier schlief er freilich nicht, sondern ein Gedanke, der ihm unter dem Essen gekommen war, trieb ihn durch die Hinterthür hinaus auf den Verg, wo seine Steine lagen, und von da mit ihnen in der mondhellen Nacht gen Lichstä'dt, wohin 15 er den weg vom Sandhandel her genau kannte. Dort stellte er sich in der Nähe der neuen Airche auf. Vald nach zehn Nhr erschienen die fremden Steinmetzen und ihre Gesellen, die in kleinen hölzernen Aasten die Steinproben trugen, gingen in die Airche und stellten ihre Steine auf einer langen - Tafel auf. Darauf fanden sich nach und nach mehrere Grafen und Herren aus der Nachbarschaft ein, die schon reichlich zu dem Vauc beigesteuert hatten und nun auch noch bei dem Pflaster ein übriges thun wollten. Endlich kam auch der Fürstbischof mit seinen Geistlichen und seinen weltlichen Ve 25 amten. Lr besah die schön geschliffenen Proben, nahm sie aus den Aästlein heraus und fragte, was der Auadratfuß davon an Vrt und Stelle kosten würde. Als dann der Vaumeister die Zahl der Steine, der Rentmeister aber die Summe in Goldgulden ausgerechnet hatten, da fuhr der Vischof mit 2 der Hand hinter das Vhr, und fein Schatzmeister schüttelte mit dem Aopfe, und die Grafen und Herren machten große Augen. Alle standen schweigend da und sahen einander an. In diesem Augenblicke schlüpfte Venedikt unter den Spießen der bischöflichen Soldaten hinweg und drängte sich mitten 35 durch die Versammlung vor den Vischof, dem er den Saum seines Aleides küßte. Darauf wickelte er eine blaßgelbe, eine blaugraue und eine marmorierte dicke Schieferplatte aus seiner Schürze und legte sie auf die Tafel. Sie waren noch naß, denn er hatte sie erst in den Dombrunnen getaucht. Desto mehr glänzten die geschliffenen Seiten und zeigten, wie schön 5 die Steine erst sein würden, wenn eine kunstgeübte Hand sie bearbeite. Der Anabe hielt es für überflüssig, seine Ware zu empfehlen, sondern schaute die Umstehenden nacheinander an und wischte sich mit seiner Schürze den Schweiß von der Stirne. Als ihn aber der Vischof fragte, antwortete er mun ter und sprach: „Ich gehöre dem Sandweibe von Solenhofen und die Steine habe ich auf dem Verge hinter dem Aloster gemacht. Und wenn ihr noch mehr braucht, so dürft ihr mir nur eure Steinhauer mitgeben; denen will ich zeigen, wie sie es anfangen müssen. " 15 Der Vischof entschied sich sofort für die platten des Anaben und entließ die Steinmetzen wieder in ihre Heimat. Der Vaumeister mußte das Steinlager untersuchen; dabei fand er, daß der Unabe nicht zuviel versprochen hatte. Von nun ab sorgte der Vischof für Venedikt und seine Mutter; er that 2 ihn bei einem Steinmetz in «Lichstädt in die,lehre und ließ ihn zu einem tüchtigen Meister heranbilden. Später ließ sich Venedikt in Solenhofen nieder und hatte fortwährend so viele Bestellungen auf seine platten, daß es ihm und seiner Mutter recht gut erging. Noch jetzt sind die Solenhofer Schieferplat -5 ten berühmt. U. 3töber.

6 Vie Familie Fugger

Eine der bekanntesten und reichsten Uaufmannsfamilien des Mittelalters war die Familie Fugger in Augsburg. Der Stammvater derselben war Hans Fugger. Als armer webergeselle kam er im Jahre 1Z65 mich Augsburg, er? langte durch Verheiratung mit einer Vürgerstochter das Bürgerrecht und wurde, nachdem er ein wohlgelungenes Meisterstück verfertigt hatte, in die Weberzunft aufgenommen. Durch Fleiß und Geschicklichkeit, durch einen untadelhaften, ehrbaren Lebenswandel erwarb er sich bald die Zuneigung und Achtung seiner Mitbürger, so daß ihn die Weberzunft sogar zu ihrem Vertreter im Stadtrate erwählte. Ls war aber dies Amt um so ansehnlicher, als die Weberzunft gerade 5 in Augsburg die'höchste Stellung unter den übrigen Zünften genoß, und dies schrieb sich von den ältesten Zeiten her. Die Weber rühmten sich nämlich, in der ewig denkwürdigen Schlacht auf dem 3echfeldc, durch welche der große Uaiser Vtto i. die Ungarn aus Deutschland vertrieb, von einem ‚nächtigen Heerführer dieses wilden Volkes einen Schild erbeutet zu haben. Zur Belohnung ihrer Tapferkeit—erzählten sie weiter — habe der Aaiser ihnen diesen Schild als Wappen geschenkt, und sie trugen denselben bei ihren Aufzügen durch die Stadt.

5 Im Jahre 1409 starb Hans Fugger und hinterließ ein Vermögen von Zvoo Gulden, das er sich durch seinen Fleiß und seine Geschicklichkeit erworben hatte. Ls war dies aber für jene Zeit eine sehr ansehnliche Summe, da die reichen Goldminen der neuen Welt noch nicht geöffnet waren und die 2« Lebensmittel noch einen sehr niedrigen Oreis hatten.

Die Söhne setzten das Geschäft ihres Vaters fort und mit so viel Glück und Geschick, daß sie nur die reichen Fugger ge nannt wurden. Ulrich, der Enkel des Stammvaters, fing den Handel mit Österreich an und lieferte, wie auch seine 25 Nachfolger, fortan Hen Herzögen von Österreich. Ebenso machte er nach Volen, Italien und den Niederlanden Geschäfte. Seine Söhne gründeten ein Haus in der Seestadt Antwerpen, um auch Anteil an dem ostindischen Handel zu haben, und bald darauf rüsteten sie in Verbindung mit Aauf , leuten aus Nürnberg, Florenz und Genua drei Schiffe aus, die sie mit der portugiesischen Flotte nach Aalkutta schickten.

Nun war nicht leicht ein befahrener weg zur See oder zu 3ande, worauf sich nicht Fuggersche waren befanden.

Unter der Erde arbeitete der Bergmann für die Fugger, ,5 auf derselben der Fabrikant, und durch den Handel flössen die waren aller Länder in ihren Lagerhäusern zusammen. Der

Reichtum und das Ansehen der Familie wuchs von Tag zu Tag, und Herzöge und Aaiser machten wiederholt bei ihr Anleihen, öchon 1448 lieh sie den damaligen Erzherzogen von Österreich, dem Aaiser Friedrich m. und seinem Bruder 5 Albrecht 150,000 Gurden. Es war im Jahre 1509 gerade 100 Jahre, daß der Weber Hans Fugger starb und sein durch mühsamen Fleiß errungenes vermögen von Z000 Gulden hinterließ. Jetzt waren seine Enkel die reichsten Aaufieute in Europa; ohne ihre Geldhilfe konnten die mächtigsten Fürsten , dieses Erdteils keine bedeutende Unternehmung vollführen und ihre Familie war mit den edelsten Geschlechtern durch die Vande der Vlutsverwandtschaft verbunden. Vom Aaiser Maximilian 1. wurden sie in den Adelstand erhoben und mit den ehrenvollsten Vorrechten begabt. Aar! V. verlieh ihnen ,5 die Grafenkrone und gab ihnen fürstliche Rechte. Unter diesem Aaiser drang der Ruf der Fuggerschen Reichtümer bis in das ferne Spanien, wo das Sprichwort entstand: „Er ist reich wie ein Fugger." Der Aaiser selbst erhielt einmal einen Beweis dieses Reichtums. Graf Anton Fugger hatte ihm eine 2 ansehnliche Summe gegen Schuldverschreibung vorgestreckt. Als nun im Jahre 1530 der Aaiser aus Italien nach Augsburg kam, kehrte er bei dem Grafen ein und entschuldigte sich, daß es ihm noch nicht möglich sei, die Summe wieder zu bezahlen. Vb es gleich im Juni war, so war es doch kalte 25 Witterung, und als dem Aaiser das Frühstück gebracht wurde, bemerkte er händereibend, daß er den Unterschied des italienischen und deutschen Alimas doch ziemlich deutlich fühle. Fugger

ließ auf der Stelle ein Aaminfeuer anzünden, legte einige Vündel Zimmetrinde auf das Holz, zog darauf des

Z Aaisers Schuldverschreibung hervor und zündete die dünnen

Zimmetrollcn damit an.

Nach Grube und Dippold, 7. pünttlichlett

Nur durch eine richtige Würdigung des wertes der Zeit wird man gewohnheitsmäßig pünktlich. Pünktlichkeit ist die Pflicht jedes anständigen Mannes und die Zwangspflicht des Geschäftsmannes. Durch nichts wird das Vertrauen rascher 5 erweckt als durch die Ausübung dieser Tugend, und durch nichts wird dasselbe leichter erschüttert als durch ihre Abwesenheit, wer seine Verabredungen pünktlich innehält und niemanden warten läßt, zeigt, daß er Achtung für des andern Zeit, wie für seine eigene hat. Daher ist die Pünktlichkeit , eine Art, unsere persönliche Hochachtung gegen diejenigen an den Tag zu legen, mit denen wir im Geschäftsleben zusammenkommen. 5ie ist auch eine Art Gewissenhaftigkeit; denn eine Verabredung ist ein ausdrücklicher oder stillschweigender Vertrag, und wer ihn nicht hält, bricht sein wort, geht unred z lich mit anderer 3eute Zeit um und leidet auf diese weise unfehlbar Schaden an seinem guten Rufe. Man kommt natürlich zu dem Schlüsse, daß, wer nachlässig mit der Zeit ist, es auch mit dem. Geschäft sein wird, und daß man ihm also keine wichtigen Angelegenheiten anvertrauen darf. Als der Sekre tär Washingtons, des ersten Präsidenten der nordamerikanischen Freistaaten, sich bei ihm wegen Zuspätkommens mit der Ungenauigkeit seiner Uhr entschuldigte, sagte ihm sein Herr ganz ruhig: „Dann müssen Sie sich entweder eine andere Uhr, oder ich muß mir einen anderen Sekretär anschaffen."

«5 wer nachlässig mit der Zeit und der Benutzung derselben ist, wird gewöhnlich die Gemütsruhe anderer beständig stören. Gin jeder, mit dem der Unpünktliche zu thun hat, wird von Zeit zu Zeit in einen fieberhaften Zustand versetzt; der Unpünktliche kommt ja beständig zu spät, ist regelmäßig nur in 3 der Unregelmäßigkeit. «Lr kommt zu

spät in seinen Verabredungen; er erreicht den Bahnhof, nachdem der Zug fort ist; er trägt seinen Brief auf die Post, wenn sie geschlossen ist. Auf diese weise gerät jedes seiner Geschäfte in Verwirrung, und jeder von den Beteiligten wird verstimmt. Im allge meinen haben leute, die nie die rechte Zeit einhalten, auch nie rechten Erfolg. Die Welt läßt sie beiseite liegen, und sie helfen die Zahl der Unzufriedenen und derer vermehren, die auf ihr Schicksal schmähen. Samuel Smiles, 8. Kprüche und Citate z Freude, Mäßigkeit und Ruh'

Schließt dem Arzt die Thüre zu.

Alten Freund für neuen handeln

Heißt für Früchte Vlumen handeln.

logau,

« » « wer gar zu viel bedenkt, wird wenig leisten.

, Der brave Mann denkt an sich selbst zuletzt.

Im engen Areis verengert sich der Sinn,

Ls wächst der Mensch mit seinen größern Zwecken.

Rastlos vorwärts mußt du streben,

Nie ermüdet stille stehn, ,5 willst du die Vollendung sehn.

Schiller.

Ordnung und Alarheit vermehrt die kust zu sparen und zu erwerben. Ein Mensch, der übel haushält, befindet sich in der Dunkelheit sehr wohl; er mag die hosten nicht zusammenrechnen, die er schuldig ist. Dagegen kann einem guten « Wirte nichts angenehmer sein, als sich alle Tage die Summe seines wachsenden Glückes zu ziehen. Selbst ein Unfall, wenn er ihn verdrießlich überrascht, erschreckt ihn nicht, denn er weiß sogleich, was für erworbene Vorteile er auf die andere wagschale zu legen hat.

25 Zwischen heut' und morgen

Ciegt eine lange Frist; lerne schnell besorgen,

Da du noch munter bist.

Mit einem Herrn steht es gut Der, was befohlen, selber thut.

Thu' nur das Rechte in deinen Sachen,

Das andre wird sich von selber machen.

Gebraucht der Zeit, sie geht so

schnell von hinnen,
Doch Ordnung lehrt euch Zeit gewinnen.

Geh, gehorche meinen winken,
Nutze deine jungen Tage,
lerne zeitig klüger sein!
Auf des Glückes großer wage
Steht die Zunge selten ein.

Du mußt steigen oder sinken,
Du mußt herrschen und gewinnen
Oder dienen und verlieren,
leiden oder triumphieren,
Amboß oder Hammer sein.

Goethe, 9. Vas Uapital

Eines Sonntags hatten sich die Nachbarn und Nachbarin2 nen unter dem
großen schattigen Nußbaum zusam-
mengefunden und die Ainder hörten
dem Gespräche aufmerksam zu. Nlan
erzählte allerlei Geschichten von den
Vewohnern des Dorfes und der Umgegend, welche von armer Herkunft durch
Sparsamkeit mit der Zeit wohlhabend,
selbst reich geworden-5 waren.

Es war soeben die Rede davon, daß
der Sohn eines Tischlers ein kleines
Haus mit ziemlich großem Acker dabei
für 15,000 Nlark gekauft habe. Er hatte
sogleich Zooo Mark ausgezahlt, und
den Rest wolle er zu verschiedenen Terminen ,4 iviicii. lioi.vx bezahlen. Denn
er verdiente täglich z Mark und ver-
brauchte nur 2 Mark.

„wenn er so fortfährt, sparsam zu
sein, wird er sich ein Vermögen erwerben," sagten alle. 5 Die Ainder hatten
auch alle 3ust, reich zu werden.

Ihr braucht nur zu arbeiten und zu
sparen, d. h. ihr müßt nicht zu viel ausgeben," sagte Vater Reinhard zu ihnen.

„vor allem sparen," fügte der lehrer
hinzu, „wenn ihr noch so andauernd und
hart arbeitet, aber jeden Tag das i aus-
gebt, was ihr an demselben Tage verdient, also von der Hand in den Mund
lebt, werdet ihr nie in den Vcsitz eines
Äapitals gelangen. Durch die Arbeit
kann man Geld gewinnen, durch
Sparsamkeit es bewahren und vermehren."

„Also das Aapital besteht aus Geld?"
fragte faul.—5 „Gewiß," riefen
mehrere Umstehende zugleich.

„Nicht immer," versetzte der 3ehrer.
Als man glaubte, er scherze, sagte er:

„Hier seht ihr ein Fünfmarkstück. Das
ist doch Geld, nicht wahr?" — „Ja, ja!"

„Nun gut. wenn ich für das Geld Vrot
zum Verzehren kaufe, so ist das kein
Aapital. Aaufe ich dagegen für das Geld
ein Vuch, welches ich zum Unterricht
gebrauche, so ist das mein Werkzeug,
— das Vuch ist mein Hammer, mein
Hobel — und da die Werkzeuge einen
Teil des Kapitals bilden, so sind die fünf
Mark, welche ich für das Vuch ausgab,
25 als Uapital anzusehen. Das Geld,
welches man zur Befriedigung seiner
Vedürfnisse ausgibt, ist kein Aapital,
sondern Einkommen."

Die Zuhörer waren über das, was der
lehrer gesagt hatte, etwas verdutzt. Er
mußte also damit anfangen, 2 ihnen au-
seinanderzusetzen, daß das Geld an sich
zu nichts dienen kann; man kann es
nicht essen, und man kann mit einem
Geldstück nicht schreiben, sägen, nähen
oder das Feld bearbeiten. Das Geld ist
nur nützlich als Mittel, um das zu
kaufen, was man nötig hat. Das Geld
vertritt also bald 35 Vrot, bald ein
Werkzeug, bald irgend eine andere
Sache.

Nachdem er an diese Wahrheit, die
jedermann bekannt ist, erinnert hatte,
wandte er sich an einen Weber: »Ihr
macht Leinwand, Nachbar Gutmann,
was gebraucht ihr dazu?"

»Einen Webstuhl und Garn."

«Eure Hände, eure Arbeit genügen
also dazu nicht. Ihr müßt durchaus Garn
haben, welches euer Rohmaterial ist,
und einen Webstuhl, welcher euer In-
strument, eure Maschine ist. Nun wohl,
euer Webstuhl, euer Garn, das Lokal, in
welchem sich euer Webstuhl befindet,
die Vorräte, .«welche ihr haben müßt,
um auf Zahlung warten zu können,
bilden euer Aapital. Mit allen diesen
Hilfsmitteln produziert ihr, macht ihr
Leinwand. Alles, was außer eurer Arbeit zu diesem Zwecke erforderlich ist,
bildet das Aapital". „Sind der f)flug, die
Ochsen, die Schafe ebenfalls ,5 Kapital?"

„Ohne Zweifel. Denken wir uns
einen jungen Mann, welcher anfängt,
Geld zu verdienen, und jeden Tag eine
Mark erspart. Nach ico Tagen hat er 100
Mark. Ist dies ein Kapital? wir wissen

es noch nicht; denn es 2 kommt darauf
an, was er mit dem Gelde anfängt. Augenblicklich und so lange er es in seiner
Schublade verwahrt, ist es nur ein Mittel, etwas zu kaufen. Er kann sich
entschließen, das Geld für sein Vergnügen auszugeben; in diesem Falle wäre
es kein Aapital; legt er es aber in die
Spar 5 kasse zu jährlich 4 Zinsen, so
ist es ein Aapital; denn es erzeugt ein
Einkommen, wenn er dieser Ersparnis
fernere hinzufügt und endlich dazu
gelangt, sich für sein Geld einen Webstuhl und Garn kaufen zu können, so hat
er sein Geldkapital in ein Industriekap-
ital umgewandelt, welches, bei , läufig
gesagt, ihm viel mehr einbringen kann,
also produktiver ist.

So gelangt man durch Sparen zum
Aapital. Sparen heißt sich einschränken;
wer sich aber einschränkt, kann etwas
zurücklegen. Es ist nicht nötig, viel zu
verdienen, um sparen 35 zu können;
man kann dies auch bei geringem Verdienst; man muß nur weniger ausgeben,
als man einnimmt.

146 «IRK« (iKKIVl

Halm bei Halm baut sich der Vogel sein
Nest, und aus kleinen Vächen entstehen
große Flüsse."

Die Versammlung verhielt sich eine
Zeit lang schweigend und dachte über
das eben Gehörte nach. Aber einer der 5
Nachbarn wollte nicht zugeben, daß das
Garn ebensogut als

Kapital betrachtet werden könne wie
der Webstuhl, oder daß das Korn ebensogut Kapital sei wie der Acker u. s. w.

Der Lehrer antwortete: „Auch andere
haben ebenso wie ihr bemerkt, daß Un-
terschiede zwischen diesen verschiedenen Arten von Kapital bestehen. Man
hat sie deshalb mit verschiedenen Namen bezeichnet und nennt das eine „stehendes Kapital" — Anlagekapital, das
andere „umlaufendes Kapital" —
Betriebskapital. Der Webstuhl bleibt im
Arbeitsraum und verläßt diesen nicht;
das Garn dagegen kommt 15 an, wird
zur Leinwand verarbeitet, verschickt
und wieder durch anderes Garn ersetzt.
Das Garn und die Leinwand gelangen,
wie das Geld, von einer Hand in die andere, oder wie man sagt: sie laufen um.
Beachtet also, daß „umlaufen" so viel

sagen will, als „den Eigentümer wechseln".

2 Der Webstuhl ist also ein stehendes Kapital, das Garn ein umlaufendes Kapital. wohlverstanden ist aber der Webstuhl nicht das einzige stehende Kapital, wer kann mir noch andere Gegenstände nennen, die zu den stehenden Kapitalien gerechnet werden 25 müssen?"

— „Der Arbeitsraum oder die Werkstatt" — „der Acker, die wiese." — „Line Dampfmaschine."

„Man kann alle diejenigen Gegenstände dahin rechnen," fügte der Lehrer hinzu, „welche man nicht oft erneuert und 2 womit man keinen Handel treibt. Man rechnet z. V. zum umlaufenden Kapital sowohl das Vieh, welches man mager kauft, um es zu mästen und wieder zu verkaufen, als auch das Garn des Webers, das Leder des Schuhmachers, das Tuch des Schneiders, die Kohlen zum Heizen und das VI 35 zum Ichmieren der Maschine, das Geld zur Bezahlung der 5teuer,. der Miete, der Gehalte der Angestellten, der Löhne der Arbeiter und Dienstboten, der Sämereien zur Einsaat und die vielen unvorhergesehenen Ausgaben.

Jetzt kommt aber eine schwere Frage. „Ist der wagen ein stehendes oder umlaufendes Kapital?" — „Ein umlaufendes 5 Kapital."

„Ihr urteilt nach dem Anschein. Ehe man sich aber darüber entscheiden kann, muß man wissen, wozu der wagen dient. Erfahre ich, daß er einem Wagenfabrikanten gehört, so weiß ich, daß es eine Ware ist, also ein umlaufendes Kapi ,tal; denn er geht von einem Eigentümer zum andern, von Hand zu Hand. Gehört er aber einem Lohnkutscher, so bildet er ein stehendes Kapita!. Er ist das Werkzeug des Rutschers; mit Hilfe seines Wagens leistet er nur den Dienst, mich zu fahren, welchen Dienst ich ihm bezahle, wenn aber nun der ,5 wagen einem reichen Vesitzer gehörte... wer sagt mir, zu welcher Art des Kapitals er zu rechnen ist?" — Niemand antwortete.

„Ihr seid in Verlegenheit zu antworten," fuhr der Lehrer fort, „und das mit Recht. Ein wagen zum Vergnügen, ein 20 Luxuswagen, ist keineswegs

ein Kapital; denn er produziert nichts. Er ist ein Gegenstand der Konsumtion. Der Eigentümer benutzt ihn solange, bis er unbrauchbar geworden ist, was man ebenfalls konsumieren nennt. Das wort konsumieren bedeutet nicht bloß verzehren oder essen, sondern auch 25 verbrauchen, ausnutzen,"

„In der That," warf Vater Reinhard dazwischen, „nennt man auch im Handel den letzten Käufer einer 5ache den Konsumenten."

„Noch eine andere Frage," sagte der Lehrer, „die Kennt 3 nisse des Arztes, zu welcher Art von Kapital gehören diese? Ihr wundert euch, daß Kenntnisse ein Kapital sein sollen. Aber sind seine Kenntnisse nicht das Werkzeug für seine Arbeit? Mit Hilfe seines Wissens, seiner Kenntnisse heilt er euch; er schafft euch Gesundheit, und ihr zahlt ihm den euch ,5 erwiesenen Dienst mit Dankbarkeit und Vergnügen.

Das Kapital des Arztes, des Rechtsanwaltes, des Lehrers, 148 IVMKI«I.VI. KKIUN des Ingenieurs ist ein geistiges, intellektuelles Aapital oder ein immaterielles und kann wie die meisten Werkzeuge zu den stehenden Kapitalien gerechnet werden."

„Vas ist wirklich so," bemerkte Vater Reinhard. „Ich 5 schicke meinen Sohn in die Schule und lasse ihn jahrelang lernen, was viel Geld kostet. Mein Sohn arbeitet und sammelt jeden Tag in seinem Aopfe zwar keine Fünfmarkstücke, aber nützliches wissen und Aenntnisfe. Nach einer gewissen Zeit kann er Nutzen davon ziehen. Jetzt begreife ich, daß Aennt inisse ebenfalls ein Aapital sind."

„Der Handwerker," schloß der lehrer die Unterhaltung, welcher seine Profession gründlich gelernt hat und geschickt ist, besitzt ebenfalls ein Aapital, nämlich feine Geschicklichkeit; denn man bezahlt ihn besser als den Ungeschickten und besser 15 als den Tagelöhner, welcher nur den Vienst seiner beiden

Arme bieten kann."
Maurice Vlock.

10. Anbau und Vereitung des Thces

Die Theestaude, die zur Gattung des Lorbeerbaumes gehört, hat ihre Heimat in Thina und Japan, doch wird sie jetzt

auch in anderen Ländern des östlichen Asiens, besonders -«in Indien, angebaut. Man zieht sie aus dem Samen, der, aus der weißen wohlriechenden Vlüte sich entwickelnd, im September reif wird. Nachdem er an der Sonne getrocknet worden ist, mischt man ihn mit feuchtem Sande und bewahrt ihn in Aörben auf, die mit Stroh zugedeckt werden. Im März 25 wird der Voden für die Anpflanzungen hergerichtet, gewöhnlich unter Vambusbüschen und Maulbeerbäumen, um die jungen Schößlinge vor den brennenden Sonnenstrahlen zu schützen. Man gräbt einen halben Meter voneinander runde, einen Meter im Umfang haltende, flache Cöcher, mischt die z herausgenommene Erde mit Humus und füllt dann die Köcher wieder aus. In jedes koch kommen 6o bis 70 Samenkörner, die dann zwei Zentimeter hoch mit Erde bedeckt werden; bei trockenem Wetter begießt man sie mit Wasser,.in welchem Reis gewaschen worden ist. Zwei Jahre wächst die Theestaude mit dem wilden Grase fort, im dritten 5ommer aber jätet man das Gras aus. Im vierten Jahre endlich kann 5 man den Thee ernten.

Zuvor werden die kleinen standen aus den löchern gehoben und gewöhnlich an Vergabhängen angepflanzt, wo das Regenwasser schneller abläuft als auf ebenem Voden; denn bei übermäßiger Feuchtigkeit verderben sie. In tief i gelegenen Pflanzungen müssen daher zur Ableitung des Wassers Gräben und Rinnen gezogen werden. Vergabhänge, die nach 5üden gerichtet sind und fetten Voden haben, eignen sich am besten zum Theebau; die Nordabhänge sind weit ungünstiger, und darum erntet man auf ein und demselben Verge 15 Tyee von verschiedener Güte. Zwischen die Väumchen pflanzt man nicht selten Vuschwerk, um sie im Herbste vor dem Reife und im 5ommer vor der 5onne zu schützen. Sich selbst überlassen, erreicht der Vaum eine Höhe bis zu ic Meter, doch hält man ihn absichtlich niedrig, höchstens i bis 2 Meter hoch, 2 damit er mehr Zweige treiben kann, zugleich aber auch die Einsammlung der Vlätter, aus denen man eben den Thee gewinnt, erleichtert wird.

Gewöhnlich hält man dreimal im Jahre Ernte, und von der Zeit derselben hängt die Güte des gewonnenen Thees ab. -z Die erste Ernte geschieht im März, wenn die Vlätter anfangen zu treiben und noch ganz zclrt sind; sie liefert den besten und teuersten, den sogenannten Aaiserthee. Man pflückt aber nicht viel und geht sehr sparsam damit zu Werke. Dieser Thee soll ausschließlich für den kaiserlichen Hof bestimmt sein. Die 3 Arbeiter, welche ihn bereiten, müssen sich der größten Reinlichkeit befleißen. Die Hände müssen sorgfältig gewaschen und außerdem noch mit Handschuhen überzogen werden.

Die zeitige Ernte ist für die 5träucher von großem Nachteil; doch erholen sie sich bei dem Eintritt des Sommerregens 35 wieder und trelben, wenn sie kräftig und jung sind, schon nach vierzehn Tagen bis drei Wochen wieder neue Vlätter, die dann die zweite Ernte ergeben. Gegen Ende öes Sommers erfolgt die dritte Einsammlung.

Nach dem pflücken beginnt jedesmal sogleich die Zubereitung des Thees, die entweder auf trockenem oder nassem Wege 5 vorgenommen wird; jener liefert den schwarzen Thee, dieser den grünen. Zu dem schwarzen verwendet man hauptsächlich die jüngeren Vlätter. Man läßt sie an der Tust welken, schüttelt sie dann auf und läßt sie nochmals einige Stunden an der 3uft auf einem Haufen liegen, wobei sie bereits das i dem Thee eigene, feine Aroma entwickeln. Hierauf werden sie in stachen eisernen Pfannen unter beständigem Umrühren erhitzt, wodurch sie die Feuchtigkeit abgeben, sich krümmen und weich und biegsam werden. Darauf nimmt man sie heraus, rollt sie auf einem Vambustifche und drückt sie, damit .5 die noch darin enthaltene Feuchtigkeit heraustritt. Dies Erfahren wird mehrmals wiederholt, aber fo schnell, daß es nur wenige Minuten dauert. Zuletzt werden die Vlätter auf Matten getrocknet. Der grüne Thee besteht aus den stärker ausgebildeten Vlättern der zweiten Ernte, die sofort

nach dem 2 pflücken in Drahtsieben über kochendem Wasser geschwenkt und durch die Dämpfe erweicht werden. Alsdann werden sie ebenfalls ausgepreßt und gerollt. Das Verfahren weicht überdies in den verschiedenen Gegenden sehr mannigfach voneinander ab, und in Indien und Java ist es durch Anwendung -; von Maschinen zum pressen, Rollen, Trocknen und Sortieren bereits wesentlich verbessert worden.

Fällt bei dem grünen Thee, namentlich bei schlechten Vlättern, die Farbe nicht schön aus, so setzt man häufig mineralische Farbstoffe hinzu, und feinere Sorten werden 2 durch Zufatz von Vlüten des Jasmins und anderer Sträucher wohlriechender gemacht. Soll der Thee weit versandt werden, so wird er sorgfältig in Aistchen, die mit Staniol ausgeschlagen sind, oder in Vlechbüchsen verpackt, da er sehr leicht durch den Duft von stark riechenden Eßwaren, von Aaffee ,5 und Gewürz, auch durch das Salzwasser des Meeres an Güte leidet, Nach Rußland gelangt der Chee auf dem Candwege vermittelst Karawanen, doch ist dieser weg langwieriger und teurer, daher der Uarawanenthee höher im preise steht als der zur See beförderte.

U. Andrer.

n. Hamburg

Hamburg ist sehr alten Ursprungs und wahrscheinlich 5 eine Gründung Aarls des Großen, während des ganzen Mittelalters konnte aber die Stadt zu keiner rechten Bedeutung kommen, weil sich der nordische Handel zumeist auf der Gstsee abspielte. Lübeck war damals die mächtigste deutsche Seestadt. Mit dem Sinken der Hansa, zu welcher ,,auch Hamburg gehörte, fiel die Entdeckung Amerikas und des Seewegs nach Indien zusammen, und diese beiden Ereignisse muß man als Marksteine in der «Lntwickelung Hamburgs bezeichnen, weil durch sie der Welthandel auf den Atlantischen Vcean und die Nordsee verlegt wurde. Diese iz «Lntwickelung ging aber sehr langsam vor sich; namentlich lähmte der Dreißigjährige Urieg lange Zeit Deutschlands Handel. Im 18. Jahrhun-

derte erst hob sich infolge der mit Amerika angeknüpften Verbindung der Wohlstand der Stadt, deren vorzügliche geographische kage immer mehr zur Gel 2 tung kam. Die napoleonische Zeit brachte Hamburg schwere Wechselfälle. Als die Franzosen 1795 Holland besetzten, zog sich der ganze Handel der Niederlande nach Hamburg; doch als Napoleon 1806 auch Hamburg angriff und später sein'em Reiche einverleibte, kamen traurige Tage über die Stadt und 25 ihre Vürger. Man schätzt den Veilust derselben während der Zeit von 1806—1814 auf mehr als 250 Millionen Mark. Noch einmal ward die Stadt von einem schweren Unglück betroffen: ein furchtbarer Vrand äscherte im Jahre 1842 den fünften Teil aller Häuser ein. Ganz Deutschland , zeigte damals durch seine Beiträge, wie hoch ihm Hamburg gilt, und bald erhob sich aus der Asche eine neue, glänzende Stadt.

Hamburg ist mit seinem Gebiete eine freie Reichsstadt und zählt im ganzen 680,000 Einwohner. An der Spitze des Staates stehen zwei Bürgermeister und 24 Senatoren oder Ratsherren. 1870 trat Hamburg dem Deutschen Reiche bei, 5 und seitdem wurde manche der überkommenen Freiheiten der deutschen Einheit geopfert. 1888 wurde auch der Freihafen, als welcher bis dahin die ganze Stadt galt, auf ein kleines Gebiet beschränkt.

Hamburg liegt 90 Km. landeinwärts von der Mündung

« des Stromes. Verselbe teilt sich oberhalb der Stadt in mehrere Arme, die durch die Häusermassen sich ergießen und im Binnenhafen sich wieder vereinigen, von Norden stießt der Elbe aus dem Holsteinischen die Alfter zu, die auf ihrem Wege die seeartige Außen-Alster und Vinnen-Alster bildet 15 und ihren weg durch mehrere Aanäle oder Fleete nimmt. Diese Fleete liegen zur Zeit der Ebbe halb trocken, da das Wasser der Alfter nicht ausreicht, sie zu speisen; aber beim Steigen der Flut füllen sie sich rasch mit dem aufströmenden Wasser der Elbe, auf dessen Wellen zahlose kleine Fahrzeuge 2 heranschwimmen. Auf dem linken Ufer der

Alfter oder im Südosten breitet sich auf niedrigem Sumpflande die Altstadt aus; rechts vom Flusse oder im Westen liegt auf etwas höherem Terrain die Neustadt. Dazwischen befindet sich das Revier des großen Vrandes, auf dem sich in moderner 25 Eleganz der Neubau erhebt. Im Osten der Stadt liegt die Vorstadt St. Georg, im Westen St. Oauli. Ringsherum dehnen sich Vororte aus, von denen 1894 fünfzehn mit der Stadt vereinigt wurden.

Am großartigsten und schönsten zeigt sich Hamburg dem Z Reisenden, der von Harburg hinüberschifft. Hamburg und Altona stießen da in eins zusammen, die Elbe ist übersät mit grünen Inseln; Türme und Schiffsmasten ragen empor; überall flatternde Segel, überall Lustgärten, überall Leben und wirken zu Wasser und zu Lande.

35 Im Hafen bewegt sich das bunteste Leben: Vord an Vord liegen die Schiffe, soweit das Auge reicht. Zwischen den hohen wänden der Seeschiffe rudern die leichten Schollen dahin. Ungeheure Massen von Warenballen, von Aohlen und Häuten liegen umher. Line Menge von Wirtshäusern, Warenlagern und Werkstätten, auf die Bedürfnisse der See» 5 fahrer berechnet, breiten sich am Hafen aus. Ls wird ausund eingeladen; eine Menge Matrosen unterhalten sich in den verschiedensten Sprachen. In den Aellern der Häuser sind Veefsteakküchen, Grog-und punschlokale. Hier hängen rote und blaue Matrosenhemden, Jacken und Stiefeln zum , Verkauf, dort wollene Mützen und Halstücher. Dieser Verkäufer hat Spirituosen und spanische weine, jener Ankertaue und Teer.

Handel und Schifffahrt beherrschen in Hamburg jedoch nicht bloß den Hafen, sondern die ganze Stadt, und mit beiden 15 steht eine bedeutende Industrie in Verbindung. Alle Dinge, welche in dem Welthandel vorkommen, von den seltensten Artikeln, wie lebende wilde Tiere und Diamanten bis zu den armseligsten Abfällen und Hadern, werden umgesetzt, hauptsächlich aber Aaffee, Thee, Drogen, weine, Getreide, petro 2 leum, englische Aohle, Lrze,

Häute, wolle, Flachs, Vaumwolle, Hölzer, vInüsse, Chemikalien; ferner Halb-und Ganz-Fabrikate der verschiedensten Art. welchen wert dieselben jährlich darstellen, dafür ein Veispiel: im Jahre 1896 betrug die gesamte Wareneinfuhr zur See und zu lande 299c» Millionen 25 Mark und die Ausfuhr 2657 Millionen.

Unterstützt wird der Handel durch eine großartige Reederei. 1897 besaß Hamburg 672 Seeschiffe, wovon 377 Dampfer waren. Mit fast allen Rüsten der Erde steht es in regelmäßiger Dampfschiffsverbindung, die teils von einzelnen 3 Reedern, teils von Schiffahrtgesellschaften unterhalten wird. Unter den letzteren ragt besonders die H. A. f). A. G. (Hamburg-Amerikanische Paketfahrt-Aktien-Gesellschaft) hervor, welche die Schnellfahrten nach New l?ork besorgt.

Der Hafen von Hamburg ist selbstverständlich mit allen 35 jenen Hilfsmitteln ausgestattet, welche Schiffahrt und Handel erfordern. Die Gesamtlänge der uaianlagen beträgt 12 Km., die der Schuppen und Speicher 5 Km., die gesamte Wasserfläche des Hafens 1 qkm. Eisenbahnen verbinden die Ouais und Speicher untereinander und mit den VahnHöfen der Stadt. Hydraulische Hebevorrichtungen und Dampf» 5 krane dienen dem Ein-und Ausladen der waren. Groß ist die Zahl der vorhandenen Docks und Schiffswerften. Feenhaft erglänzt des Nachts der ganze Hafen, wenn seinen Mastenwald das elektrische 3icht aus zahllosen Sonnen überstrahlt.

Den geistigen Mittelpunkt des ganzen, die Welt umspannenden Hamburger Handels bildet die Vörse. In ihr sind vereinigt eine Getreide-und eine Fonds-Vörse, eine Raffee», Tabak-und eine Warenbörse; daran schließen sich Abteilungen für Spediteure, Versicherungsgeschäfte, Reeder und Fluß . z schiffer. Die Hamburger Vörse ist eine Einrichtung, deren Großartigkeit und praktisches Ineinandergreifen wohl von keiner Handelsstadt übertroffen wird, wer sie besucht, nimmt die sichere Überzeugung mit, daß er in der größten Handelsstadt des Aontinents geweilt

und mit Weltkaufleuten verkehrt 2 hat. Nach den „Zeehäfcn des Weltverkehrs".

12. Verlin

Verlin, die Hauptstadt des preußischen Staates und des deutschen Reiches, ist eine der schönsten Städte Europas. Sie zählte im Jahre 1895 1.7 Millionen Einwohner und ist mithin die volkreichste Stadt des deutschen Reiches. Sie wird 25 von der Spree in mehrfachen Arümmungen durchflössen und in zwei ziemlich gleiche Hälften geteilt.

Das bedeutendste Gebäude ist das mitten in der Stadt und dicht an der Spree gelegene große königliche Schloß. Dieses wurde vor anderthalbhundert Jahren von dem ersten preußi 2 schen Aönige erbaut und enthält viele große f)rachtsäle, fürstliche Wohnungen, die Schatzkammer und eine Gemäldegalerie.

Zu den schönsten öffentlichen Plätzen gehört besonders der Lustgarten, welcher vom königlichen Schlosse und dem Museum, der alten Börse, dem Dome, dem Zeughause und der Schloßbrücke umgeben wird. Dem Schlosse gegenüber erhebt 5 sich auf der anderen Seite des Lustgartens das Alte Museum, das in den unteren Räumen die altertümlichen Vildwerke von Lrz, Marmor und Stein aus Griechenland und Rom, in den oberen die Bildergalerie enthält, welche fast anderthalbtausend Gemälde zählt. Hinter diesem Museum und mit demselben

«durch einen Bogengang verbunden ist das Neue Museum. Dieses ist durch seine innere Ausschmückung das prächtigste Gebäude Verlins und eins der schönsten Museen der Welt. Im Treppen Hause desselben befinden sich die berühmten Wandgemälde von Uaulbach, welche zu den bedeutendsten 5 Aunstwerken der neueren Zeit gehören.

Geht man über die Schloßbrücke, so kommt man an das unter dem ersten preußischen Aönige errichtete, neuerdings aber umgebaute große Zeughaus. Der untere Saal enthält die schweren Geschütze, der obere die schön geordneten leichten 2 Waffen und die erbeuteten Ariegsfahnen, die Herrscher-

und Feldherrnhalle mit Vüsten der preußischen Fürsten und Feldherren und geschichtlichen Wandgemälden. Gegenüber dem Zeughause liegt das früher von dem Aronprinzen Friedrich Wilhelm bewohnte Palais. An das Zeughaus reihen sich 25 die Hauptwache, die Universität und weiterhin das Akademiegebäude. Ihnen gegenüber erheben sich das nach dein Brande von 184Z neu erstandene, prächtige Gpernhaus und das ehemals vom Aaiser Wilhelm bewohnte Palais, beide durch den Opernhaus-Platz von einander geschieden. Außer 2 dem finden wir hier die katholische Hedwigskirche und das Bibliothekgebäude. Vor dem Uaiser Wilhelm-Palast steht das gewaltige Reiterstandbild Aönig Friedrichs des Großen, das herrlichste aller Standbilder in und um Verlin. Hoch zu Roß, umgeben von den Helden seiner Siegesschlachten, schaut 25 der große Friedrich nach der Hauptwache mit den marmornen Standbildern von Scharnhorst und Bülow hin, denen 16 cMMLk.',i «i:K,il schräg gegenüber die bronzene Statue des Feldmarschalls Vlücher steht, zu deren beiden Zeiten die Standbilder Yorks und Gneisenaus am (vpernhause sich erheben, und blickt zugleich nach dem Zeughause und dem königlichen Schlosse. 5 Mit dem Raiserpalaste links und der Akademie rechts beginnt die großartigste aller Straßen Verlins, die über icoo m. lange und 50 m. breite, mit einer vierfachen Vaumreihe von linden besetzte Straße „Unter den linden", welche sich mit ihren prachtvollen Aalästen, Hotels und Aaufhallen bis zum , Brandenburger Thore hinzieht. Dieses zeichnet sich vor allen Thoren aus; das riesige, 20 m. hohe Mauerwerk, von zwölf gewaltigen Säulen getragen, hat fünf Durchgänge, deren mittlerer und zugleich breitester nur für königliche wagen offen ist. Über dem Hauptthore erhebt sich noch ein 15 hohes Mauerwerk, um das berühmte Viergespann der Siegesgöttin mit ihrem Triumphbogen aus Erz zu tragen. Vier starke Rosse ziehen im wilden laufe den zweirädrigen wagen, auf welchem die Siegesgöttin steht, die Palme und das eichenumwundene eiserne Areuz, über

dem der preußische 2 Adler schwebt, in der Hand haltend. Napoleon 1. führte 1806 dieses Aunstwerk nach Paris, von wo es die siegreichen Preußen 1814 zurückholten.

Die Straße „Unter den linden" wird von der fast 4 1cm. langen ganz geraden Friedrichstraße ziemlich in der Mitte - 5 durchschnitten. Die regelmäßigste Straße ist die leipziger Straße. Die Wilhelmsstraße enthält viele Paläste und Ministerwohnungen. Die Aönigsstraße, an welcher sich das neue stattliche Rathaus befindet, ist fast die belebteste von allen. Der Gendarmenmarkt ist einer der größten Plätze; 3 auf ihm steht das große Schauspielhaus. Den Velle-Allianceplatz am Hallischen Chore schmückt eine auf einer hohen Granitfäule stehende Siegesgöttin. Um den Wilhelmsplatz stehen auf grünem, umbuschtem Rasen die Standbilder der alten Siegeshelden des siebenjährigen Rrieges: Schwerin, 35 Seidlitz, Winterfeld, Aeith, Ziethen und des Fürsten von Dessau. Auf der Vrücke zwischen dem Schloßplatze und der Aönigsstraße steht das Reiterstandbill» des großen Aurfürsten. Von den neueren Denkmälern ist das umfangreichste und bedeutsamste das am 22. März 1897 enthüllte Nationaldenkmal für Kaiser Wilhelm 1., welches auf der alten Schloß 5 freiheit errichtet worden ist.

Vor dem Brandenburger Thore, zu beiden Seiten der Chaussee bis nach Tharlottenburg hin, dehnt sich der Tiergarten aus, ein über zwei stunden im Umfange haltender f)ark mit zahlreichen Fuß-, Reit-und Fahrwegen, schönen .»lviesenplätzen und Teichen, Blumenbeeten und Gebüschgruppen zwischen den Vaumgruppen. Im Südosten schließt sich an ihn der Uönigsplatz an mit dem großartigen Siegesdenkmal zur Erinnerung an die ruhmreichen Feldzüge der Jahre 1864, 1866 und 1870/71 und dem neuerbauten 5 Reichstagsgebäude, im Nordwesten der Zoologische Garten, der sich durch eine große Anzahl seltener lebender Tiere auszeichnet.

Verlin ist der Sitz aller obersten Verwaltungsbehörden, zugleich aber auch erste Industrie-und Handelsstadt

Deutschlands und Knotenpunkt des großen deutschen Eisenbahnnetzes. Es giebt fast keinen Industriezweig, welcher dort nicht vertreten wäre. Vesonders hervorragend ist die Maschinen-, Eisen-, Seiden-, Vaumwollen-, Vronze-und Silberwarenfabrikation, ferner die Erzeugung von Jacken 25 und Mänteln, Möbeln, Veleuchtungskörpern, Stahl-und kederwaren. Hunderttausende von fleißigen Arbeitern finden in den unzähligen Vetrieben der Stadt vollauf Beschäftigung und lohnenden Verdienst. Hand in Hand mit der Entwicklung der Industrie ist der Handel fortgeschritten, und 2 ebenso haben sene Institute, welche beiden dienen, wie Banken und Verkehrsanstalten, an Ausdehnung gewonnen.

Großartig ist das 3eben und Treiben in den Straßen der Stadt. Schon früh am Morgen fängt's an zu leben, und mit jeder Stunde wächst das Gewoge von Menschen und Fuhr 35werken auf den Straßen, bis es gegen Mittag „Unter den binden" den höchsten Ounkt erreicht hat. Va sieht man vor »nächtigen Spiegelscheiben der Orunk-und Aunstläden das dunteste Volksgewühl. (Offiziere in goldgestickten Uniformen, Herren und Damen in den feinsten Anzügen, Fabrikarbeiter, Handwerker, Zeitungsverkäufer, Apfelsinen-und Väcker warenhändler, Aindermädchen und Schulkinder laufen im buntesten Gewühle durcheinander.

An wohlthätigkeitsanstalten ist Verlin reich wie kaum eine andere Stadt. Vesonders Erwähnung verdienen die Volksküchen, welche für Unbemittelte ein billiges, nahrhaftes , Mittagsessen liefern, die Hospitäler, welche alten und armen beuten Versorgung gewähren, und die Asyle für (Dbdachlose.

Ärmere Aranke finden Aufnahme in der Tharite (Varmher zigkeit), der größten Heilanstalt Verlins, in welcher jährlich

Tausende verpflegt werden.

Nach Kutzner, iI. Paris 15 Je näher man j)aris kommt, desto größer wird der Verkehr der zuströmenden Menschen und wagen, der 3andund Fuhrleute, der Fuhrwerke und Vahnzüge. Hinter der Festungsmauer, die die Stadt in weitem

Umkreise umgiebt, folgen erst Landhäuser, Dörfer und Felder, dann Vorstädte, 2 deren Gepräge immer großstädtischer wird, und mit einem Male ist man im Vahnhofe. Man wird von der Zollbehörde visitiert und ist im Augenblicke von einer Anzahl Dienstbeflissener mit und ohne Aarte umgeben, die dem Fremden alles mögliche anbieten: Gasthof, Fiaker, Wohnung, 25 Dolmetscher, Führer, Träger, alles mit der größten Artigkeit und Zungenfertigkeit. Und ehe er in der Verwirrung sich auf eine Antwort besinnen kann, hat ein Träger sein Reisegepäck vor seinen Augen auf den Achseln, daß er nachrennen muß. Dann geht es Haus an Haus, Gasse um Gasse, Straße 3 um Straße, und die Häuser hoch bis fünf und sechs Stockwerke, alle ohne Giebel, hübsch gebaut. Und welch ein Menschengewühl! Mit aller Mühe kann man sich kaum durchwinden. Welch eine Menge von beuten, die etwas verdienen wollen: Gemüsehändler mit wagen, 3imonadenverkäufer, Ausrufer von allerlei Dingen, Straßensänger, Drehorgelspieler, Vettler, Austeiler von Adressen und Ankündigungen, Stiefel5 putzer, Uleiderreiniger, Gefchirrflicker, Lumpensammler, Rattenfänger. Die Sorge um das tägliche Vrot zwingt den Erfindungsgeist zu den absonderlichsten Dingen.

prachtvoll sind die neueren Straßen von Paris. Vie Voulevards, die an Stelle der ehemaligen Festungswälle um die innere Stadt herumführen und in der Mitte mit Reihen schattiger Väume bepflanzt sind, die Auais oder Uferstraßen an der Seine, die Passagen mit ihren glänzenden Warenlagern und 3äden, die Plätze, die Paläste der Vornehmen und Reichen, die Museen, die Uirchen, die Theater, die Denk 15 mäler, die großen Markthallen, die Vrunnen, die öffentlichen Gärten und Spaziergänge — alles ist großartig und prächtig. Schaulust ist die gewaltige Triebfeder der Verschönerungen; denn der Franzose will sehen und sich sehen lassen und den Ruhm trägt er gern auch äußerlich zur Schau. Daher erin 2 nern die Namen der Hauptbrücken, der neuen

Straßen und schönen Plätze an gewonnene Schlachten, an den Ruhm der großen Nation.

Die Menge der Spaziergänger in Festkleidern auf den Voulevards, die Menge der Fahrenden im höchsten putz, in -5 eleganten Rutschen aller Art, die Menge der Genießenden in den Aaffeehäusern und den vielen Vergnügungsorten macht den Eindruck, als sei man hier nur zur 3ust, nur zum Genießen auf der Welt. Dies find übrigens meist Fremde oder Vornehme; der pariser spart das Vergnügen für den Sonn 3 tag auf. Und auch nur in den eleganten Stadtteilen ist es so; solche Weltstädte haben gewöhnlich für alles besondere Gebiete: für die vornehme Welt, für die gelehrte Welt, für die Fabrikwelt, für die Handelswelt.

Die Arbeitswelt wohnt draußen in den Vorstädten; hier 25 herrscht in allen Gewerben die größte Thätigkeit, denn Paris ist die erste Fabrikstadt des Landes, ganz besonders für die un i6o coi«««KKci ci« zähllgen Mode-und luxuswaren, mit denen es die ganze Welt versorgt; allein an Uleidern und putzartikeln erzeugt es jährlich für 40c» Millionen Franks. Ebenso ist es der Mittelpunkt aller Handelsbewegungen Frankreichs, sowohl 5 im inneren, wie im äußeren Handel, und einer der größten Geldmärkte der Welt. Die meisten wichtigen Aktienunternehmungen, sowie die großen Eisenbahngesellschaften, deren linien strahlenförmig von j)aris auslaufen und nach den Grenzen und den Aüsten führen, haben hier ihren Sitz. Des 1 gleichen ist es die erste und fast in ganz Frankreich die einzige Stadt der Gelehrsamkeit und der Äunst, der Mittelpunkt der geistigen Aultur, des geistigen Gebens des Landes. In den Museen und Galerien sind unendlich reiche Uunstsammlungen aller Art, im louvre eine der herrlichsten Gemäldesamm 5 lungen der Welt vorhanden, und die Stadt selbst birgt in sich eine Menge der glanzvollsten Vauten, die nicht nur für die Aunst, sondern auch für die Geschichte von Frankreich von wert sind.

So ist Paris auf allen Gebieten das Herz Frankreichs, 2 das Zentrum des

Landes, wie keine andere Reichshauptstadt auf Erden.

Nach dem „tesebuch für Erdkunde".

14 Vie Leipziger Messe

Das Königreich Sachsen besitzt an Leipzig eine Handelsstadt, die nicht allein ein deutscher, sondern auch ein europäischer Haupthandelsplatz gennt zu werden verdient. Da 5 ist Gewölbe an Gewölbe, Niederlage an Niederlage, und ungeheuer ist der Verkehr und die Handelsthätigkeit, namentlich zur Zeit der Messe. Davon sollte Gtto der Reiche, der Stifter dieser Messen, einmal Zeuge sein! wie klein und gering war die Stadt in seinen Tagen, und setzt wie groß und 3 prächtig!

Naht die Zeit der Messe heran, so beginnt ein reges leben, ein unendliches Drängen und Treiben auf den Straßen. Man muß sie sehen, die langen Warenzüge, welche auf den vielen «Lisenbahnen, welche in Leipzig einmünden, fast stündlich heranrollen, muß Augenzeuge der Regsamkeit auf den Bahnhöfen sein beim Ab-und Aufladen 5 aller jener Risten und Rasten, Valien, lasten und Fässer, was der Gewerbfleiß vieler Städte, großer Fabrikbezirke, ganzer Länder in jüngster Zeit geschaffen hat, stießt hier zusammen. Zu den Fabrikanten und Gewerbsmännern des Rönigreichs Sachsen gesellen sich die der sächsischen Herzog i tümer, Schlesiens, Brandenburgs, der Rheinlande, Württembergs, Vadens. Selbst die Schweiz hat zahlreiche Vertreter, ebenso Frankreich mit seinen Modeartikeln, seinen Seidenwaren, England mit seinen wollenen, baumwollenen und Stahlwaren.

5 welches Getriebe in den ersten Wochen einer Messe! Alle Straßen und Plätze sind von Mensche» gefüllt, jedes Geschäftslokal ist besetzt; selbst in Hausfluren, Höfen und Gängen sind Verkaufsgewölbe aufgeschlagen, und in den Häusern der inneren Stadt verkünden bis das dritte Stock 2 werk hinauf Firmentafeln den Einzug fremder Raufleute. Hier wird in deutscher, dort in französischer, englischer oder italienischer Sprache gehandelt, und Hunderttausende werden an einem Tage in leder, Tuchen, Rauchwaren, Rurz-und Modewaren, Glas, Porzellan, Spiel-

waren u. s. w. um 25 gesetzt.

In der zweiten Woche beginnt der Rleinhandel. Sechshundert Vuden bedecken in langen Reihen den schönen großen Markt. Glas-und Steingut-, Stroh-und Rorbwaren, Dosen und Vlechwaren, Farbkästchen, Vleistifte, Federn, „„ musikalische Instrumente, Spitzen und Nähwaren, Nürnberger Spielsachen, Vürsten, Handschuhe, tausend andere Artikel liegen, stehen, hängen hier schön geordnet zum Verkaufe. Dichte Mcnschenmassen wogen vom Markte nach dem Augustusplatze zwischen der Post und dem ehemaligen 35 Grimmaischen Thore. Line ganze Vretterstadt hat sich hier in wenigen Tagen auf beiden Seiten der Straße erhoben.

162 (Ml«Lkci «DKlVl,
Hier ist der Hauptsitz des Aleinhandels. längs des Augusteums stehen die Vuden der Trödler, dahinter Glas-und Steingutbuden und Uurzwarengeschäfte. Die verführerischen Schilder mit „Stück für Stück zehn Pfennige" entlocken vielen 5 das Geld. Ein Haupthandelsartikel auf diesem Platze sind aber die Schuhwaren, lange Vudenreihen und nichts als Schuhe und Stiefel, groß und klein, alle blank und schön, alle dauerhaft und weich!

Doch wir verlassen diesen stlatz und gehen nach dem Roß iplatze „unter die Vuden". Es ist Meß-5onntag. welch unaufhörlicher lärm umtobt uns! In langen Vudenreihen find hier die Sehenswürdigkeiten aufgestellt. Menagerien mit wilden Vestien lassen uns die Töne der wüsten und Urwälder hören; Panoramen versetzen uns wie mit einem 5 Zauberschlage in die Hauptstädte der Lrde, in die schönsten Gebirgsgegenden, an die Wasserfälle und vor jDrachtgebäude, ohne daß wir leipzigs Chore verlassen haben; Wachsfiguren, beweglich und unbeweglich, führen uns Darstellungen aus der heiligen und Weltgeschichte vor; daneben stehen 2 Vuden, in denen Taschenspieler ihre Aunststücke, Athleten ihre Stärke und Geschicklichkeit zeigen; endlich noch Aarussels, Schenk-und andere Vuden. Überall wird gespielt, gesungen, von Musikbanden musiziert, von Ausrufern

an allen Schaubuden mit löwenstimmen, selbst durch das Sprachrohr, einge 5 laden, in den Ticrbuden geläutet und dazwischen von löwen, Hyänen, Tigern, Vären gebrüllt, von der wogenden Menge gelärmt, gelacht, geschrieen, gezankt.

Drei Wochen dauert die Messe; sie beginnt mit der Vorwoche, dann folgt die Mcßwoche, die der Zahlwoche weicht.
2 (Yster-und Michaelismesse sind Hauptmessen, unbedeutend dagegen ist die Neujahrsmesse.

Thomas, 15. Vie Chinesen als Handelsvolt
Ver chinesische Handel ist uralt, während Fremde die Häfen des himmlischen Reiches besuchten, fuhren chinesische Uaufleute mit ihren Vschunken in den Indischen Vcean und handelten auch in Arabien und Ägypten. Noch heute kom5 en ihre Schiffe nach den Inseln des östlichen Archipels, nach Malakka, Vengalen, Tochinchina und Japan. Am 3andhandel haben sich die Chinesen lebhaft beteiligt, und es leidet keinen Zweifel, daß eben des Handels wegen chinesische Aolonien in der Mongolei sich ansiedelten. Gegenwärtig wird auswärtiger landhandel auf der Nord-und westgrenze getrieben. Die Chinesen kaufen besonders mongolische Vferdc, Moschus und Shawls aus Ehokan und Tibet, Pelzwerk aus Sibirien, Tuche, Seife, 3eder, Gold-und Silberdraht aus Rußland. Aus dem nordwestlichen Aan-su und über die 5 Aleine Vucharei sind in den alten Zeiten chinesische Seidenwaren nach Europa gekommen; aber der Transport ist schwierig und der Candhandel deshalb bei weitem nicht so wichtig wie der Seehandel. Für den europäischen Verkehr war bekanntlich bis vor kurzem allein der Hafen von Aanton geöffnet. Vis gegen Ende des 18. Jahrhunderts nahm 2 Ehina für seinen Thee nur Silber, keine waren. Erst seit dem vorigen Jahrhundert werden Vaumwollenwaren, Tuche, verarbeitete Metalle, Uhren und dergleichen eingeführt. Indien liefert Gewürze, Aampfer, Elfenbein und insbesondere eine große Menge Vpium, dessen Gebrauch in -z

Thina unglaublich um sich gegriffen hat. Vie Hauptausfuhren Thinas bestehen in Thee und Rohseide. Thina hat nötig zu verkaufen, nicht zu kaufen. Es nimmt «Vpium und Vaumwolle, weil es an beiden nicht so viel liefert, um die Nachfrage zu decken; die übrigen Einfuhrartikel nimmt es ,nur, um dem Absätze seiner eigenen waren förderlich zu sein.

Die Regierung hat niemals den Handel mit den Europäern begünstigt; auch könnte Thina des Verkehrs mit dem

Auslande um so leichter entbehren, als in der That sein Binnenhandel ungeheuer ausgedehnt ist. Verselbe beschäftigt Fahrzeuge jeder Größe, die zu hunderttausende« auf den Strömen, Flüssen, Seen und Aanälen schwimmen. Lr um 5 faßt hauptsächlich Getreide, Salz, Metalle und viele andere Natur-und Aunstprodukte, welche die verschiedenen Provinzen miteinander austauschen. Ehina hat eine so gewaltige Ausdehnung, ist so reich, so mannigfaltig gegliedert, daß der innere Handel alle, die sich mit Raufen und verkaufen befas .«sen wollen, vollauf beschäftigt.
wer die drei Vinnenstädte han-yang, wu-tschang und han-kau gesehen hat, kann sich einen Vegriff von dem Umfange des Handelsbetriebes machen. Namentlich in han-kau, dem „Munde der Handelsniederlage", ist alles ein waren .5 lager und Verkaufsladen und das Menschengewühl so stark, daß man nur mit Mühe sich hindurchwindet. Vie Stadt hat aber auch eine günstige 5age, die sie zum Hauptstapelplatze für alle achtzehn Provinzen macht. Sie liegt so recht im herzen von Ehina, wird vom Vlauen Strome umflossen und
«steht vermittelst desselben in direkter Verbindung mit dem Westen und Osten.

Große Handelsdschunken gelangen nach Süden hin zu dem po-jang-2ee und in den Thungting-See, die gleichsam Vinnenmeere bilden. In diese Scebecken fallen viele kleine, -z aber schiffbare Flüsse, auf welchen die waren aus han-kau nach den Süd-Provinzen befördert werden. Nach Norden zu hat man dem Mangel natürlicher Verbindungswege durch ein wunderbar künstliches Aanal-system abgeholfen. Dasselbe verbindet alle Seen und schiffbaren Flüsse unterei-inander,

Zund man kann alle Provinzen durchreisen, ohne nötig zu haben, sein Fahrzeug zu verlassen.

Ver Chinese hat ein wahres Genie für den Handelsbetrieb. Er ist im höchsten Grade geldgierig und gewinnsüchtig, er liebt die Spekulation und wuchert gern, sein ganzes 35 Wesen ist pfiffig und verschlagen; er ist abgefeimt und ver-steht die Wechselfälle eines Handels-geschäftes vortrefflich zu erwägen. Der echte Chinese sitzt mit Vergnügen vom Mor» gen bis zun: Abende in seinem laden und harrt geduldig der Uunden; wenn seine Vude leer ist, rechnet er, wieviel Arofit er gemacht hat und noch machen wird. Er bringt Handels» 5 geist mit auf die Welt; es ist sein Wesen, sein Naturtrieb. Der erste Gegenstand, welcher das Aind reizt, ist die Sapeke (ein kleines, rundes Stück aus einem Gemische von Aupfer und Zinn, die einzige legale Münze); sprechen lernen und zählen lernen sind beim Ainde gle-ichbedeutend; sobald es den , Pinsel halten kann, fängt es an, Zahlen zu schreiben, und sobald es sprechen und laufen kann, treibt es auch sogleich Handel, kauft und verkauft, wer in Ehi-na einem Rinde den Auftrag giebt, et-was einzukaufen, darf dabei ganz get-rost sein; denn das Rind läßt sich nicht betrügen. Selbst die 15 Spiele der kleinen Chinesen sind von diesem Han-delsgeiste durchdrungen; sie halten of-fene Bude oder ein f)fandhaus und gewöhnen sich von Aindesbeinen die Handelsausdrücke an. Die Sapeken haben in der!Nitte ein viereckiges loch, damit man sie auf eine Schnur ziehen kann; ein Strang von 2 tausend Sapeken kommt etwa einer Unze Silber gleich. Vei größeren Käufen giebt man Gold und Silber, die wie jede andere Ware gewogen werden. Im ganzen Reiche laufen auch Vankbillets um, zahlbar auf den Inhaber; sie werden von den größeren Handelshäusern ausgestellt und in allen 25 Städten angenommen.

R. Andree.

16, Ver 3ue?tanal

Die landenge von Suez, ein steiniges Sandmeer, bildet eine landbrücke zwi-chen Asien und Afrika, aber eine Vrücke, die nicht bloß die Wasserstraße der INcere trennt, sondern auch in ihrer Wüstenbeschaffenheit und Ilnwirt-barkeit nur 2 einen kümmerlichen Über-gang von Festland zu Festland bildet.

Seit den letzten Jahrhunderten, wo vornehmlich England i66 c0M6I«2I lIIi!VI,X und Holland die Handelswege nach den reichen Aüstenländern Asiens aufsuchten, bis auf den heutigen Tag, wo auch das übrige Europa diesen Vah-nen folgt, führte die Schiffahrt dahin nur auf gewaltigem Umwege um das ganze große Fest 5 land von Afrika. Nunmehr macht der Suezkanal, welcher 145 Km, lang ist, die Umwege unnötig. Er verkürzt Zeit und Raum, und mehr noch, er verwandelt die Wüstenei in die Stätte eines künftig blühenden Verkehrs. Die Strecken, wo die Sand-stürme sich zu Herren gemacht und ihre Denkmäler .«in wüsten Hügeln aufgerichtet, werden das Lager und der Austauschplatz der Natur-und Aultur-produkte der fernsten Länder, was die Varbarei der Menschen und der wind der wüste in Schutt vergraben, wird her-rlicher unter der Zivilisation der Men-schen und der Beherrschung der Naturkräfte 15 wieder erstehen.

Das Unternehmen, von Frankreich ausgehend, stieß auf Mißtrauen, na-mentlich in England. Der Uanalbau wurde als unmöglich, seine Existenz als nutzlos bezeichnet. In einer Wildnis, wo Mangel an Wasser und pflanzen herrscht, 2 in der kein Mensch leben kann, sollte die Erhaltung eines Arbeit-erpersonals von vielen tausend Men-schen eine Unmögkeit sein. In einer wüste, wo der wind die Sandberge wan-dern läßt wie die Wolken und sie ablagert in Alüfte und Lücken des halb steinigen, halb lockeren Erdbodens, da würde 25 der Uanal versanden und der Menschenkraft spotten, wissen-schaftliche Einwände und kommerzielle Bedenken suchten das Unternehmen zu schwächen und als Abenteuer zu be-spötteln. Gleichwohl ist die Durch-führung vor sich gegangen und mit großer Umsicht vollendet worden.

Zunächst wurde vom 5 Nil aus ein Aanal gegraben und eine Wasserleitung nach der wüste hergestellt, welche stel-lenweise die (Öde in einen blühenden Garten verwandelte, gutes Trinkwasser an die Arbeitsstätten führte und die Beschaffung von Lebensmitteln für die Arbeiter möglich machte. An die Stelle der ägyptischen ?5 Arbeiter, die wenig leisteten, traten gewaltige Arbeits-maschinen. Der Dampf, der moderne Sklave und Sklavenbefreier, vollendete, was Sklavenmenschen nicht hätten durchführen können. Die wissen-schaftlichen Einwürfe wurden als Vorurteile erkannt und die kom-merziellen Vedenken auf ihr richtiges Naß eingeschränkt. 5 Der französische Generalkonsul in Alexandria, Ferdi-nand von, lesseps, war es, welcher den Vau des Suezkanals neu anregte und eine Gesellschaft unter Begünstigungen der französischen und ägyptischen Regierung bildete, welche die Aus-führung übernahm. Man hielt anfangs ein Aktienkapital von 1« 200 Millionen Franken für ausreichend, die wirklichen Rosten indessen haben sich auf 300 Millionen Franks herausgestellt, da die Herbeischaffung und Aufstellung der Dampfmaschinen in der wüste nicht wenig Mehrausgaben verursachte. Dafür ist es aber auch möglich gewor-den, das Unternehmen in der 5 fest-gestellten Zeit zu vollenden. Im Jahre 1859 wurde der erste Spatenstich hierzu unter der Bedingung gethan, in zehn Jahren den Aanal fertig zu haben; tat-sächlich wurde er in dieser Frist hergestellt und am 16. November 1869 feierlich eröffnet.

2 Abgesehen von der Schwierigkeit, für die Arbeiterkolonien in der Wüstenei eine menschliche wohn-und Ar-beitsstätte zu bereiten, waren die Naturhindernisse an Vrt und Stelle nicht gering. An beiden Enden des Aanals mußten geschützte Häfen angelegt und die Steinmasse hierzu künstlich fab-riziert -5 werden, wo der Voden weich und sandig war, mußten nach oben hin die Böschungen stark verbreitert wer-den, um das Herabstürzen des Sandes in den Aanal hinein zu verhindern. Ein Teil des Aanals geht durch steinige An-

höhen, die durchbrochen werden mußten. Der einzige Vorteil, welchen der 3 Voden darbot, war das Vorhandensein des auf dem Wege liegenden Vittcrfees, durch welchen man den Aanal leitete. Allein dieser See lag 11 m, tiefer als die beiden Meere und mußte daher mit den Gewässern des Mittelländischen und Roten Meeres ausgefüllt werden, um einen gleichhohen 25 Wasserstand herzustellen.

Um die Strömung im Aanal durch Flut-und Sturmwellen 168 «»HVlll «KI,! nicht allzu heftig werden zu lassen, wodurch die Böschungen unterspült und in den Ranal gestürzt werden könnten, sind Schleusen an seinem ganzen verlaufe angebracht, und an einzelnen stellen befinden sich starke Ausbuchtungen, damit 5 große öchiffe, von den entgegengesetzten Seiten kommend, einander ausweichen können.

So steht denn der Aanal fertig da, breit und wasserreich genug, um von den größten Seeschiffen befahren zu werden. Docks und Magazine zur Ausbesserung, zur Ausrüstung und i proviantierung von Schiffen; Vorrichtungen zur Versorgung derselben mit Trinkwasser und Vrennmaterialien; Warenlager, um den Handelsaustausch an (vrt und Stelle zu bewerkstelligen, und Handlungshäuscr, um Geschäfte daselbst zu vermitteln, sind angelegt worden; ja zwei ansehnliche 15 Städte, Vort Said und Ismaila, mit über 40,000 Einwohnern sind in dem Sande emporgewachsen.

Die Venutzung des Aanals ist allerdings nur den Dampfschiffen möglich; denn Segler bedürfen ein breites Fahrwasser und günstige winde, Erfordernisse, welche beide im Uanal 2 und im Roten Meere nicht vorhanden sind. Für die Dampfer aber ist trotz der hohen Aanalgebühren der vorteil infolge der Abkürzung des Weges und der Zeitersparnis beträchtlich, und da die Zahl der Segelschiffe stetig abnimmt, die der Dampfschiffe dagegen wächst, so darf man hoffen, daß einst 25 der gesamte Schiffsverkehr nach Indien die Zuezstraße einschlagen wird.

Vern stein.

17. Vie postdainpfschiffahrt

Gebührt den Amerikanern das Verdienst, den ersten Dampfer über den Vcean gesandt zu haben, so waren es die Engländer, welche die ersten regelmäßigen postfahrten mit Dampfern zwischen der alten und der neuen Welt errichteten. Vis zum Jahre 18Z6 hatten zwischen Liverpool und New York Paketsegelschiffe den Postdienst besorgt, und damals erst tauchte der Gedanke auf, die beständige, regelmäßige und schnelle Verbindung mittels Dampfer herzustellen. Das Publikum nahm sich der Zache mit großer Wärme an und versprach sich außerordentliche Erfolge von dem Unterneh s men, auch hinsichtlich des Gewinnes. Zunächst sollten acht Dampfer, welche verschiedenen Eigentümern gehörten, auf der linie zwischen England und New Hort fahren. Nach wenigen Fahrten in den Jahren i8z8 und 1859 ergaben sich jedoch bereits ungeheuere Verluste; die Verwaltung war , schlecht, mehrere Schiffe gingen zu Grunde, und das ganze Unternehmen scheiterte gründlich.

Da trat ein Uanadier, Samuel Eunard, auf, welcher im Vunde mit mehreren englischen Aapitalisten abermals eine Oostdampferlinie zwischen Liverpool und New York errichten 15 wollte, jedoch nur in dem Falle, wenn er von der Regierung Unterstützung erhielt. Diese bewilligte nach langen Unterhandlungen jährlich 60,000 Vfd. St., eine Summe, die dann bald auf 100,000 f)fd. erhöht wurde; und Eunard verpflichtete sich, zweimal monatlich ein Dampfschiff von Liverpool 2 nach Halifax, Auebeck, New York und zurück gehen zu lassen. Die „Vritannia" eröffnete die Fahrten dieser linie, die nach ihrem Stifter den Namen Eunardlinie führt, und der Verkehr stieg so rasch, daß die Gesellschaft bereits 1867 über z8 Dampfer verfügte.

-z Die günstige Entwicklung der Eunardfahrten weckte den Unternehmungsgeist der Nationen und rief in verschiedenen Ländern eine Reihe von Gesellschaften hervor, die sich die regelmäßige Verbindung mit überseeischen Gebieten durch Dampfer und somit die Förderung des Weltverkehrs

zur Auf 3 gäbe stellten. Solange die Veziehungen mit den Bestimmungsländern nicht rege a.enug waren, erhielten sie gewöhnlich Unterstützungen durch den Staat; doch kamen einzelne Gesellschaften infolge der Verkchrssteigerungen rasch in die kage, auf diese staatlichen Veihilfen verzichten, beziehungs 33 weise sie auf die Vergütung für die Oostbeförderung beschränken zu können, die freilich noch immer ziemlich hoch ist. 5o zahlt z. V. die englische Regierung für die Beförderung der Post nach Indien, Ehina und Australien gegen n—12 Millionen Mark. Dafür fordern die Regierungen, daß die Postdampfer mit einer bestimmten Schnelligkeit fahren und pünktlich abgehen und eintreffen und verlangen nicht selten die Erlegung einer Strafe, wenn die Dampfer sich verspäten.

Es giebt jetzt ungefähr 340 Postdampferlinien, von denen die meisten von englischen, französischen, deutschen, österreichischen und italienischen Schiffen befahren werden. England 1 allein besitzt etwa 100 Gesellschaften. Neben der schon erwähnten Eunardlinie ist die reninZulÄr-K Oriental-Lteam' I,vß2tlon-d!cmp2nx, die dem Verkehre nach dem Mittelmeere und den indisch-chinesischen Meeren dient, von besonderer Bedeutung. Diese Gesellschaft ließ seit 184a zwei 15 große Dampfer direkt von Liverpool nach Alexandrien gehen und 1845 unternahm sie den postdienst im Roten Meere und Indischen Gcean, wo sie ihre Linien allmählich bis China und Australien ausdehnte.

Es konnte nicht ausbleiben, daß diese Postverbindung mit 2 dem Osten rasch zu einem großartigen Institute heranwuchs. Ein 3and wie Indien, welches jährlich für 170 Millionen Pfd. Lt. waren aus-und einführt, muß natürlich einen sehr lebhaften Verkehr mit Europa unterhalten; dazu kam der rasch wachsende Handel Chinas, der schon den wert von 80 -5 Millionen Pfd. öt. erreicht hat, die Eröffnung der Handelsverbindungen mit Japan und Siam, der wunderbare Fortschritt Australiens nach der Entdeckung des Goldes daselbst, die Ermäßigung der Fahrpreise und des Portos, sowie die Verkürzung der Fahrzeit durch den Vau der Eisenbahn 2 durch Ägypten und seit 1869 durch Eröffnung des 5uezkanals.

Einen ungefähren Begriff von der Bedeutung des Verkehrs kann uns die Thatsache geben, daß manche in Southampton an Bord genommene Post 1000 Eentner und dar

Z5 über wiegt. Dieses ungeheure Gewicht besteht allerdings nicht blos aus Briefen, sondern auch aus Zeitungen, Paketen und Warenmustern. Außer den Oostfelleisen befördert die Gesellschaft auch Passagiere über Marseille und Suez oder mit dem Umwege über Gibraltar, und schon in den sechziger Jahren betrug die Zahl derselben durchschnittlich 20,000.

5 Jetzt hat sie an Vord ihrer Dampfer täglich an Veamten und Passagieren durchschnittlich ungefähr 10,000 Personen zu speisen. Sie besitzt in Ägypten ein eigenes Landgut „Gosen", welches nur bestimmt ist, ihre Schiffe mit frischem Gemüse, Vbst und Geflügel zu versorgen. Die Zahl der Agenten, , Offiziere, Matrosen u. s. w., welche sie in ihrem Dienste hat, beläuft sich auf über 12,000 Mann, die Aohlenarbeiter nicht mitgezählt. Die Flotte der Gesellschaft besteht aus 58 Dampfern, zum Teil sehr große und starke Schiffe und so gebaut, daß sie leicht und schnell bewaffnet und für den Ariegsdienst .5 eingerichtet werden können; außerdem besitzt sie Schlepp-und Segelschiffe für den Transport von Proviant und Aohlen.

Von den französischen Gesellschaften sind die Compame (Generale 12N82tIanrique, die mit 6Z Dampfern Linien nach den Vereinigten Staaten, den Antillen, Mexiko und der -n Nordküste von Süd-Amerika unterhält, und die dompanie 6e3 IVIe38Äerie3 NaritimeL. welche den Verkehr in dem Mittelmeer, dem Atlantischen, dem Indischen und dem westlichen Teile des Großen (Yeans, nach Thina, Japan und Australien vermittelt, die bedeutendsten. Die Gesellschaft der IVIe» 25 32Aerie3 Maritimes oder Imperialem, wie es früher hieß, entstand unter der kaiserlichen Regierung Napoleons m.

und machte der englischen?enm3ul2r-3te2m-(InmpÄNx auf der orientalischen linie erfolgreiche Aonkurrenz. Sie besitzt 6Z Schiffe. Der Ausgangspunkt für die Grientfahrten ist Mar 3 seilte, für die atlantischen Linien Vordeaux.

In Deutschland stehen unter den Dampfschiffahrtsgesell-schaften obenan die Hamburg-Amerikanische PaketfahrtAktiengesellschaft und der Norddeutsche 3loyd. Veide unterhalten vorzugsweise den Verkehr mit Amerika. Die älteste ,5 von beiden und überhaupt aller deutschen Gesellschaften ist die Hamburger. Sie wurde am 27. Mai 1847 durch die 172 «)MMcii. cü-'Xkin Hamburger Aaufleute August Volten, Adolf Godefroy, «Lrnst Merck und F. laeiß gegründet. Bescheiden anfangend, eröffneten sie mit drei Segelschiffen eine regelmäßige monatliche Paketschiffahrt nach New York. 1854 faßten sie den Lnt 5 schluß, den Verkehr mit Dampfschiffen zu betreiben, und am 1. Juni 1856 fand die Eröffnung dieser ersten deutschen Dampfschiffverbindung mit Amerika statt. Die Erfolge des Unternehmens blieben zwar nicht aus, aber immerhin ging die Lntwickelung doch nur langsam vor sich, da sie wiederholt 1 durch kriegerische Verwickelungen, Handelskrisen, Verluste von Schiffen wesentlich und andauernd ungünstig beeinflußt wurde. Mehrere Male sah sich die Gesellschaft gezwungen, Aonkurrenzunternehmungen mit sich zu verschmelzen. 1867 wurden die Segelfahrten ganz eingestellt und die letzten drei ,5 Segler verkauft. Zu der 3inie nach New York kamen nach und nach andere hinzu, so nach Mittel-und Süd-Amerika, ferner Fahrten von Stettin nach New York und nach den skandinavischen Häfen. Infolge dessen vermehrte sich der Dampferbestand fortgesetzt; jetzt zählt er, die Transportschiffe 2 nicht mit eingerechnet, 76 (Vceandampfer, von denen die „Pennsylvania" der größte und prachtvollste ist. In Hamburg besitzt die Gesellschaft ihre eigenen Dockanlagen und Werkstätten für die Ausbesserung der Schiffe und zwei Lagerhäuser mit einem Ausrüstungsmagazine; ebenso hat sie in 25

Cuxhaven, von wo aus die Schnelldampfer abgelassen werden, und in New York eigene Landungsplätze.

Noch bedeutender ist der Norddeutsche lloyd, der 1857 durch den Uonsul Heinrich Meier in Vremen gegründet wurde. Im Sommer 1858 begann er mit dem Dampfer ,u „Vremen" seine transatlantischen Fahrten mit — einem AaMenpassagier. Die Gesellschaft hatte anfangs mit ganz ähnlichen Schwierigkeiten zu kämpfen, wie die HamburgAmerikanische, und erst mit Veendigung des amerikanischen Bürgerkrieges und mit der stetig zunehmenden Auswanderung begann im Jahre 1865 ein mächtiger Aufschwung des Geschäftes. Der lloyd mußte anstatt aller vierzehn Tage seine Dampfer wöchentlich, dann gar wöchentlich zweimal von Bremerhaven abgehen lassen. Hier entstanden großartige werkstattanlagen, Trockendocks und Stationsbauten; in Hoboken kaufte die Gesellschaft einen eigenen landungs 5 platz; neue Linien nach Valtimore, New Orleans, westindien und Süd-Amerika wurden eingerichtet. Doch es folgten nochmals trübe Zeiten. 1875 strandete der große Kampfer „Deutschland" an der Themse, und 60 Personen gingen dabei zu Grunde, wenige Tage darnach erfolgte in Bremerhaven iauf der „Mosel" jenes entsetzliche Unglück, welches den Abscheu der ganzen Welt hervorrief: die Lxplosion der Thomasschen Höllenmaschine. Erst mit dem Jahre 1880 wandten sich die Verhältnisse zum besseren. 1886 wurde dem Lloyd seitens des Reichs auch die Vermittlung des Verkehrs nach iz Gstasien und Australien übertragen, und seitdem ist er zur ersten Dampfschiffahrtsgesellschaft der Welt herangewachsen. Seine Flotte umfaßt, einschließlich der augenblicklich im Bau begriffenen Schiffe, 98 Dampfer, darunter den größten und schnellsten Dampfer der Welt, den „Kaiser Wilhelm der 2« Große", der bis zu 2000 Reisende befördern kann, gleichzeitig aber auch dem Transporte von Gütern und Vieh dient. Sein Personal umfaßt gegen 8c»co Mann.

In dem Verkehre mit Amerika haben die beiden deutschen Gesellschaften die aller übrigen Staaten während des letzten 25 Jahrzehnts überflügelt; so beförderten sie z. V. 1891 mehr Personen dorthin als sämmtliche von Liverpool ausgehende Linien zusammen, und das New Yorker Postamt sandte von 192 Posten mehr als die Hälfte mit ihren Schiffen nach Europa. Dieser «Lrfolg ist bezüglich der Postversendung ein 2 zig und allein der Schnelligkeit der deutschen Schiffe zu verdanken, während bei der Personenbeförderung auch die vortreffliche Einrichtung derselben ausschlaggebend ist.

Nach verschiedenen Vuellen, 18. Hine Reise über den Atlantischen Vcean nach Amerika

Unser schiff ist bereit zur Abfahrt. Die Matrosen haben den Anker aufgewunden, Kapitän und lotse sind an Vord. wollen wir die Reise mitmachen, dann ist es hohe Zeit, uns gleichfalls an Vord zu verfügen. Die Dampfmaschine setzt-, sich in Bewegung, die Segel werden aufgehißt, blähen sich und schwellen, und raschen Kaufes durchschneidet der Kiel die trübe Flut. Die letzten Häuser Vremerhavens verschwinden, das flacher werdende Ufer mit seinen wiesen, seinen Rinderherden und seinen schlanken Kirchtürmen verläuft in nebliger ,'Ferne, der lotse verläßt uns, der Kapitän übernimmt das Kommando — wir sind in der Nordsee. Die Fahrt geht gut, wind und Wetter sind uns günstig, und bald schwimmen wir durch den Aanal in den Atlantischen (Dcean.

Jetzt wird es an der Zeit, unser Schiff ein wenig genauer ,-, kennen zu lernen. Es ist ein Auswandererschiff, ein Schraubendampfer des Norddeutschen lloyd. Auf dem Deck befindet sich hinter dem Vugspriet, an welchem das Namensbild des Fahrzeuges prangt, zuvörderst die Wohnung der Matrosen. Gleich hinter diesem stößt man auf die mächtige winde, 2 mit welcher die auf beiden Seiten des Vorderteils herabhängenden Anker gelichtet werden. Neben derselben erhebt sich mit seinen Rahen, Segeln, Tauen und Strickleitern der Hauptmast und hinter diesem die mit eisernen Kesseln versehene Aüche. An dieselbe stößt die zweite Kajüte. In der

Mitte --, befindet sich die Dampfmaschine. In der zweiten Hälfte des Schiffes ist die andere große winde oder das Gangspill angebracht, und unter ihr sind die Räume für die erste und zweite Kajüte. Die euste Kajüte ist mit eleganten Möbeln, Divans und Mahagonitischen ausgestattet und erhält licht von oben.

Z Vor ihr befindet sich das kleine Häuschen, von wo aus der Steuermann, den Vlick auf den Kompaß gerichtet, durch ein Rad den lauf des Schiffes leitet. Dies ist das oberste Deck eines Auswandererschiffes. Line Treppe neben dem Maschinenräume führt uns in das Zwischendeck, welches eine große Menge kleinerer Abteilungen enthält. Schon beim Hinabsteigen macht sich ein höchst widerlicher Dunst 5 bemerkbar, welcher selbst durch Abzugsröhren sich nicht beseitigen läßt. Hier im Zwischendecke hält sich die große Menge von Passagieren auf, welche für einen mäßigen f)reis die Reise nach Amerika zurücklegen. Ein Gewirr von Stimmen aller Art läßt sich vernehmen, wogegen das Halbdunkel i nur weniges zu sehen erlaubt. Doch bald gewöhnt sich das Auge daran, und man erkennt den 60—80 Fuß langen, 20—25 Fuß breiten und 8 Fuß hohen Raum, welcher an seinen beiden Enden durch Vretterverschläge von den Vorratskammern des 5chiffes geschieden wird. An seinen bei ,5 den Seiten, rechts und links, befinden sich in zwei Abteilungen übereinander die Aojen oder Schlafstätten der Passagiere, in denen diese je vier und vier nebeneinander liegen. Diese Uoen, nicht unähnlich den Schubfächern einer ungeheueren Aommode, sind Schlafkammern, Ankleideund Wohnzimmer, kurz alles in einem. Nur die Enge des Schiffsraumes entschuldigt die hier herrschende schreckliche Unordnung.

Der unterste Schiffsraum, gleichsam der Aeller, ist mit Gepäck, waren, Vorräten und Vallast gefüllt.

Dies das Schiff und nun die Reise. Lin frischer, mehrere -5 Tage anhaltender wind führte uns mit außerordentlicher Schnelligkeit weiter. Durch das Schaukeln des Schiffes hatte sich

schon nach den ersten Tagen die Seekrankheit eingestellt. Die Rrankheit mehrte sich von Tag zu Tage, und kaum acht Personen auf dem Schiffe blieben von ihr verschont. Zum 3 Glück war das Wetter schön, so daß ein ziemlicher Teil der Passagiere, mit Ausnahme der Schwererkrankten, sich auf dem Verdecke aufhalten konnte. Da drehte sich der wind nach Süd, und teils um ihn zu benutzen, teils um dem Golfstrome auszuweichen, richtete der Steuermann den 3auf des 35 Schiffes nach Horden. So ging es vier bis fünf Tage in gleicher Richtung. Doch endlich ward die 3uft so schneidend kalt, daß wir eines Morgens das prächtigste Glatteis auf dem Verdecke fanden, wir waren auf den Vänken von Neufundland angekommen, jener zum Stockfischfange vorzüglich geeigneten Gegend des Atlantischen Gceans. Die luft 5 wurde immer kälter, Regen und Schnee fielen vom Himmel, und der Aapitän befürchtete sogar schwimmende «Lismassen, so daß er beständig die Meeresfläche scharf beobachten ließ. Aurz darauf fing die See an hochzugehen, und das Schiff schaukelte ärger als gewöhnlich hin und her. Von Stunde zu Stunde nahm dies zu, und das Schwanken ward endlich so heftig, daß auf einmal alle Aisten und Aasten zu rutschen begannen. Ein schrecklicher lärm erhob sich im Zwischendecke, alles Vlechgeschirr fiel von den Nägeln herab, dazu kam das Heulen und Kreischen der Weiber, das Jammern der Ainder, 15 das wimmern der Verzagten, die da meinten, ihre letzte Stunde sei gekommen, sowie das Schreien und Fluchen derer, die beim ersten Schrecken aus dem Vette gesprungen und von den herumfahrenden Aoffern und Aasten gequetscht worden waren. Hierzu gesellte sich das Getrappel der hin-und her 2 laufenden Matrosen, das Seufzen und Stöhnen der Masten und Segelstangen, das pfeifende Sausen in den Tauen, das Aommando des Aapitäns durch das Sprachrohr, sowie das Schreien der Mannschaft. Als wir licht angezündet hatten, erblickten wir die wunderlichsten Sccncn: alles lag bunt 25 durcheinander. Die Nacht war schauerlich. Das pfeifen des Sturmes, das Arbeiten der Maschine, das Vrausen der wogen nahm eher zu als ab, und der Sturm ward gegen Morgen so arg, daß die Veiten zu krachen ansingen und die Inhaber wehklagend herauskrochen. Als der Tag begann,

Z wollte ich auf das Verdeck gehen; doch erst nach dem dritten Ansätze gelang die Ausführung meines Vorsatzes. In der Nähe der Aajüte hielt ich mich an einer Winde an und überließ mich dem großartigen Anblicke des Sturmes. Nach einer Stunde kehrte ich, naß und vor Aalte erstarrt, in den

Z5 Schiffsraum zurück. Schon am Abend legte sich der Sturm, und in der Nacht wurde es ganz ruhig. «Lin außerordentlicher junger stellte sich bei den Passagieren ein, und alle erzählten von den Erlebnissen aus der Sturmperiode.

Endlich wurde die Nähe des Landes bemerkbar; wie ein bläuliches Nebelband quoll es über den grauen Wasserrand ; am Horizonte empor. Zacken und Einbiegungen zeigten sich allmählich, schon unterschied das bloße Auge wellige Formen, verschiedene Farben. Gastlicher Rauch steigt empor; die schönen hügeligen Gestade von New Jersey sind in Sicht. Noch kurze Zeit und die Dardanellen von New V.ork, die iNarrows, öffnen sich. Durch sie rauscht unser Dampfer in die Vai ein, die das Entzücken aller Seefahrer ist.

Keiner durfte das Schiff verlassen, bevor nicht ein herbeigekommener Arzt den Gesundheitszustand aller geprüft hatte. Er war vortrefflich, und da es keinen Kranken gab, brauchten 15 wir keine Quarantäne zu halten, sondern konnten sogleich in

New York landen.

Thomas.

19 Vie deutsche Reich-Verfassung

Das Reich ist gegründet zum Schutz des Reichsgebiets und zur Pflege der Wohlfahrt, des deutschen Volkes. Die hieraus sich ergebenden gemeinschaftlichen Aufgaben, deren Erfüllung dem deutschen Reiche zusteht, sind in der Reichsverfassung genau bezeichnet. Dazu gehören namentlich Militär und Marine, auswärtige Vertretung, Schutz des deutschen Handels, Zollwesen, Heimats-und Niedcrlassungswesen, f)ost und Telegraph, Ordnung des Eisenbahnwesens im Interesse des allgemeinen Verkehrs, Münz-, Maß-und Gewichtswesen, die Ordnung des Strafrechts und des bürgerlichen Rechts, fowie des Verfahrens vor den Gerichten.

Durch die Vereinigung der 26 deutschen Staaten (darunter das Reichsland Elsaß3othringen) zun, Deutschen Reich wird ein wirklicher Staat gebildet. Es giebt jetzt ein gemeinsames Reichsbürgerrecht; seder Reichsongehörige ist in allen zum Reich gehörenden Staaten als Inländer zu behandeln und 178 0«.LKcii. cKix zum Wohnsitz, zum Gewerbebetrieb, zu öffentlichen Amtern wie ein Inländer zuzulassen. Das Deutsche Reich hat ferner als ein wirklicher Staat kräftige Grgane der Gesetzgebung und des Vollzugs.

Das (überhaupt des Reichs ist der deutsche Kaiser, dessen würde erblich mit der preußischen Arone verbunden ist. Die Reichsgesetzgebung wird durch den deutschen Vundesrat und den deutschen Reichstag geübt.

Der deutsche Kaiser führt insbesondere den Oberbefehl über die deutsche Tand-und Seemacht, vertritt das Reich gegenüber fremden Staaten, ernennt die Reichsbeamten, verkündet die Reichsgesetze und beaufsichtigt den Vollzug, ist endlich befugt, bei einem Angriff auf das Reich den Krieg zu erklären.

Die eigentliche Natur des Reichs als eines aus verschiedenen «Linzelstaaten zusammengesetzten Bundesstaates findet im Bundesrate ihren Ausdruck. Derselbe wird gebildet durch die Vertreter der Landesregierungen. Jede Regierung (mit Ausnahme von Llsaß-3othringen) hat mindestens einen Vertreter im Vundesrat und führt je nach der Größe des Staatsgebiets eine oder mehrere Stimmen. Von den 58 Stimmen kommen 17 auf Preußen, 6 auf Vayern, je 4 auf Sachsen und Württemberg, je Z auf Vaden und Hessen, je 2 oder i auf die übrigen Staaten. Der Vundesrat wirkt einerseits bei der Reichsgesetzgebung mit, und ohne seine Zustimmung kann kein Reichsgesetz erlassen werden; andererseits ist er die höchste Regierungsbehörde im Reiche, welche die Führung der Reichsverwaltung und der Reichsfinanzen, den Vollzug der Reichsgesetze überwacht und die nötigen Ausführungsbestimmungen erläßt.

Das deutsche Volk und dessen Einheit wird im Reich durch den Reichstag vertreten; auf je ioo,ooc» Seelen wird je für fünf Jahre ein Reichstagsabgeordneter gewählt, wahlberechtigt ist jeder Deutsche, welcher das 25. Lebensjahr zurückgelegt hat, in dem Vundesstaate, in welchem er wohnt. Personen des Soldatenstandes, des Heeres und der Marine dürfen das Wahlrecht, solange sie sich bei der Fahne befinden, nicht ausüben. Ausgeschlossen von der Wahlberechtigung sind ferner unter Vormundschaft stehende Personen; Personen, über deren Vermögen gerichtlicher Aonkurs eröffnet ist, während der Dauer dieses Verfahrens; Personen, welche eine öffentliche Armenunterstützung beziehen oder im vorhervergangenen Jahre bezogen haben; endlich solche, welchen infolge strafgerichtlicher Aberkennung der bürgerlichen Ehrenrechte der Vollgenuß der staatsbürgerlichen Rechte entzogen worden ist, auf die Dauer der Entziehung, wählbar zum Reichstagsabgeordneten im ganzen Reichsgebiet ist jeder Deutsche, welcher das 25. Lebensjahr zurückgelegt und einem Bundesstaate seit mindestens einem Jahre angehört hat, sofern er nicht von der Stimmberechtigung ausgeschlossen ist. Die Hauptaufgabe des Reichstags ist die Teilnahme an der Reichsgesetzgebung, wenn der Reichstag und der Vundesrat mit Stimmenmehrheit ein Gesetz angenommen haben, so ist dasselbe als Reichsgesetz giltig; nur bei Verfassungsgesetzen genügen 14 Stimmen im Vundesrat zur Ablehnung; ferner können die Einrichtungen der Marine, des Militärs, des Zoll-und Steuerwesens gegen den willen des Uaisers durch Gesetz nicht abgeändert werden. Die für Reichszwecke, namentlich für das deutsche Heer und die deutsche Flotte, sowie für die auswärtige Vertretung erforderlichen Mittel werden teils aus dem Ertrage der Zölle und Reichssteuern (z. V. von Tabak, Salz, Zucker,

Vier), teils aus den sogenannten Matrikularbeiträgen, d. h. aus den Beiträgen, welche die Einzelstaaten nach dem Verhältnis der Einwohnerzahl aus Candesmitteln zu leisten haben, bestritten.

Der Vundesrat wie der Reichstag sind vom Aaiser jährlich mindestens einmal zu berufen; der Reichstag kann durch Veschluß des Bundesrats zum Zwecke der Neuwahl aufgelöst werden, jedoch nicht ohne Zustimmung des Aaisers.

Das höchste Reichsamt bekleidet der deutche Reichskanzler, welcher alle Anordnungen des Aaisers unterzeichnet und allein für dieselben verantwortlich ist. Der Reichskanzler führt den 180 cHMKKi ciKU Vorsitz im Vundesrat. Unter seiner Leitung und Aufsicht werden die dem Reiche zukommenden Verwaltungsaufgaben durch eine Anzahl von Reichsbehörden besorgt, unter denen hervorzuheben sind: das Reichskanzleramt, die Admiralität, ; das Generalpostamt, die Generaldirektion der Telegraphen, das Auswärtige Amt des Deutschen Reichs. Das Finanzwesen des Reichs hat in dem Reichsschatzamt seine oberste Verwaltungsbehörde erhalten, welche das Reichsvermögen, das Ltats-, Rechnungs-und Uassenwesen, die Staatsschulden , und die Zoll- und Steuersachen zu verwalten hat. Richterliche Behörden sind das Bundesamt für Heimatswesen in Verlin und das deutsche Reichsgericht in Leipzig.

Dem Reiche steht die Gesetzgebung über das gesamte bürgerliche Recht und den bürgerlichen Prozeß, sowie über das ,5 Strafrecht und den Strafprozeß zu. Zur Wahrnehmung der Iustizangelegenheiten des Reiches, insbesondere zur Vorbereitung der Reichsjustizgesetze ist das Reichssustizamt berufen.— Die Angelegenheiten des Handels, Gewerbes und der Schifffahrt, der Polizei u.s. w. werden vom Reichsamt des Innern 2 verwaltet. Vadlsches lesebuch.

20, Guter Rat

Halte dich nie bei unnützen und deshalb schädlichen Dingen auf. Liebhabereien haben schon viele Menschen ins Unglück gestürzt, ja ganz zu Grunde gerichtet; habe daher ein scharfes, ein wachsames Auge auf deinen Zeitvertreib. Sei ernst und 25 besonnen in der Erfüllung deiner Verufspflichten.

Das Wirtshaus verschafft dir wohl Zehrkunden, aber keine Nährkunden. Dort verlierst du die kostbare Zeit, Zeitverlust ist aber Geldverlust; dort verbrauchst du dein sauer erworbenes Geld und läufst Gefahr für das Heil deiner Ge 30 sundheit und deiner Seele. Spare zur Zeit, damit du in den Tagen der Not einen Zehrpfennig hast. Sparsamkeit und Ordnung bilden den goldenen Voden des Handwerks. Setze deine Ausgaben stets in ein richtiges Verhältnis zu deinen Einnahmen. Vermeide das Spiel; noch ist kein Spieler reich geworden.

Sei fröhlich mit den Fröhlichen, wo aber wilde Gelage 5 gefeiert werden sollen, da ziehe du dich zurück, tische dich nicht in Händel und Streitigkeiten. Sei nicht empfindlich und nimm nicht jedes Scherzwort übel auf; mit Heiterkeit und Frohsinn ertrage die Schwächen anderer; sie-müssen ja die deinigen auch ertragen. Erhebe dich nie über sie, spotte ihrer i nicht und suche vielmehr ihre Fehler zu verdecken oder wenigstens zu entschuldigen.

Sei höflich und dienstfertig gegen jedermann, ohne für jeden Liebesdienst Tohn zu empfangen. Den wohlerzogenen Menschen erkennt man an seinen Manieren, er macht sich die ,5 Herzen der Menschen geneigt, ihn schätzt jedermann; dagegen ist jede Art von Rohheit auch am Handwerksgesellen widerwärtig und verhaßt. Aber merke wohl: zwischen Höflichkeit und Vertraulichkeit ist ein großer Unterschied.

Gehe unter deinen Nebenmenschen stets gerade, offene und 2 ehrliche Wege, hasse die Schleichwege, denn sie verraten ein unredliches, unehrenhaftes, falsches Herz. Denke nie ohne Üot und ohne Grund Arges von deinem!(ebenmenschen. Der Argwohn ist ein böser Schelm. Sprich von deinen Mitarbeitern hinter ihrem Rücken nichts Vöses; sage ihnen lieber 25. freundlich und offen, was du gern anders wünschest, sie werden dies lieber von dir selbst hören als durch andere.

Sei vorsichtig in deinen Äußerungen über öffentliche Angelegenheiten und amtliche Oersonen und ebenso vorsichtig in der Wahl deiner Gesellschafter und Freunde; schenke nur sol 2 chen beuten dein Vertrauen, deren Rechtschaffenheit du erprobt hast. Anüpfe ja keine Vekanntschaft an, die dir nichts nützen, wohl aber schaden und deiner ganzen Zukunft Gefahr bringen kann; denn nicht jeder, der dich Freund nennt, ist dein Freund in Wirklichkeit. Hast du das Glück, einen wahren zz Freund gefunden zu haben, dann achte ihn und vermeide alles, was ihn dir wieder entreißen könnte.

182 c(M«LI« (LKII lerne dich selbst überwinden, denn je mehr du dich selbst beherrschen kannst, desto leichter wird dir der Verkehr, der Umgang mit anderen werden. Gehe denjenigen Menschen aus dem Wege, welche alles tadeln. Der eigentliche Grund ihrer Unzufriedenheit liegt in ihnen selber. Vöse Gesellschaften verderben gute Sitten und rauben das Vertrauen anderer zu uns. Ein Weiser sagt: „Sage mir, mit wen: du umgehst, so werde ich dir sagen, wer du bist; weiß ich, womit du dich beschäftigst, so weiß ich, was aus dir werden kann." Hüte dich vor Schmeichlern. Trau am wenigsten denjenigen, welche dich zu oft in das Gesicht loben, welche dir schmeicheln oder sich gar zu angelegentlich in deine Nähe drängen.

Übe Nächstenliebe, wo du Gelegenheit und Möglichkeit dazu findest; übe sie unverdrossen, laß dich durch keinerlei Undank in der Ausübung stören oder gar gleichgültig machen. Du kennst ja das Sprichwort: „Undank ist der Welt lohn." Nicht um des Dankes willen sollen wir Nächstenliebe üben, denn dann wäre unser lohn schon dahin. Nicht um der Menschen willen sollen wir das Gute unter den Mitmenschen thun, sondern um Gottes willen.

In dem Verkehr mit Menschen suche nach Aräften die göttliche Regel wahr zu machen: „was du nicht willst, was dir geschehe, das thue auch keinem andern; aber alles, was i ihr wollt, das euch die Menschen thun, das thut ihnen auch."

Schreibe fleißig aus der Fremde in das elterliche Hcws, das erweckt Zutrauen und erhält die gegenseitige liebe und

Anhänglichkeit.

Aus tochner „wanderregeln/' Handelsberichte und Zeitungsaufsätze

Aus dem „Vericht über Handel und Industrie von Verlin im Jahre 19c«," erstattet von den Ältesten der

Kaufmannschaft von Nerlin 1. Uartoffelhandel

Das Geschäft mit Rartoffeln war im Jahre 1900 im allgemeinen zufriedenstellend. Im ersten Halbjahr (Januar bis Ende Juni) war es sehr lebhaft und betrug die tägliche Vahnzufuhr im Durchschnitt ca. 75 Waggon--15,000 Etr. In den Monaten Juli, August und September fiel sie auf Z0 Waggon- 6000 tr., was daraus zu erklären ist, daß die in einem Umkreise von 4 Meilen Radius um Verlin befindlichen Grundbesitzer in diesen Monaten den größten Teil des Berliner Vedarfs decken und ihre Ware mittelst Fuhrwerks nach Verlin bringen, während des Restes des Jahres war eine tägliche Vahnzufuhr von durchschnittlich 80 Waggon 16,000 Etr, für Verlin zu konstatieren. Viese Mengen sind fast ausschließlich für den Aonsum Verlins und seiner Vororte verwendet worden.

—

Vie «Lrnte der Aartoffeln, welche sich der großen Trockenheit des Sommers gegenüber sehr widerstandsfähig erwiesen, hatte im allgemeinen ein recht gutes Ergebnis, sowohl hinsichtlich der Quantität wie des Stärkegehalts.

2. Abgeschnittene Vlumen

Vas Geschäft in abgeschnittenen Vlumen war im all-c. gemeinen befriedigend; Umsatz und Verbrauch waren im 184 0I«I«1. «I5I«i

Verichtsjahre bedeutend größer als im Jahre zuvor, auch war der Markt für deutsche Ware in den Hauptmonalen Januar bis März etwas günstiger. Die um diese Zeit in öüdfrankreich und Italien herrschende Aalte, regnerische und stür 5 mische Witterung beeinträchtigten die dortigen Uulturen der für den Export bestimmten Vlumen, und die dadurch verminderte Einfuhr kam dem Geschäft in deutscher Ware zu gute.

In den Monaten April bis Juni hört infolge der klimatischen Verhältnisse an der Riviera der Versand von Vlumen . nach Verlin auf. Auch ist die Aberntung der in Betracht kommenden Artikel bereits größtenteils erfolgt. Der Import übte daher auf unseren Geschäftsverkehr keinen nennenswerten Einfluß aus; infolgedessen beherrschte die deutsche Ware den Markt. Hauptartikel waren Rosen, Flieder, Mai 15 blumen, Orchideen, Gardenien, wenn auch keine erhöhten preise zu verzeichnen waren, so fanden doch größere Posten leichten Absatz.

In den Monaten Juli und August war das Geschäft (wie seit vielen Jahren um diese Zeit) sehr still, der Verkauf sehr 2 gering und die preise niedrig.

Hingegen war das Geschäft im September und Oktober sehr rege. Hauptsächlich Nelken, sowie alle langgeschnittenen Vlumen fanden bei zufriedenstellenden preisen leicht Absatz. Chrysanthemum in allen Farben wurden zwar verkauft, der 2 preis dafür aber ging infolge der ungeheuren Massenzucht und der im Vergleich zu dem Vorjahre vielen Angebote zurück. Das Interesse für Maiblumen ist seit der Liskulturmethode, die es ermöglicht, diese Vlume fetzt das ganze Jahr hindurch, also auch in den Sommermonaten, in Vlüte zu z haben, sehr abgeschwächt, weshalb der preis herabgedrückt worden ist.

Im November und Dezember begannen wieder die Zufuhren aus dem südlichen Frankreich und aus Italien, die so bedeutenden Umfang annahmen, daß infolgedessen die preise « für die hier gezogenen Artikel sehr zurückgingen.

3. Handel mit Vbft

Das Jahr 1900 ergab einen ganz hervorragenden Vbstreichtum.

Deutschland erntete namentlich große Mengen Pflaumen und anderes Steinobst, mit Ausnahme von Aprikosen und 5 Pfirsichen. Von Äpfeln und Virnen waren die frühen Sorten besser als die späten geraten. Line hervorragend gute Äpfelernte machten namentlich Vaden und Württemberg (auch die Schweiz). Sowohl in

der Schweiz wie in Süddeutschland entwickelte sich ein außerordentlich lebhaftes Ge. schüft mit der nördlichen Rheingegend und mit Westfalen; auch das nordöstliche und östliche Deutschland nahmen erhebliche Quantitäten auf. Norditalien konnte von feinen reichen Überschüssen in Aonkurrenz mit der Deutschland näher gelegenen Schweiz und den ebenfalls reichgesegneten österreichi,5 schen «Vbstdistrikten nur geringe Mengen nach Deutschland versenden.

Süditalien ist weder für Sommerobst (die ersten Airschen ausgenommen), noch für Winterobst in Frage gekommen, z. T. der hohen Frachten, z. T. der höheren preise wegen, die - angesichts einer dort weniger günstigen Ernte im eigenen kande gezahlt wurden.

Fast so hervorragend ergiebig wie die Sommeräpfelernte in Süddeutfchland, der Schweiz und Steiermark, die unseren Markt zeitweise förmlich überfluteten, gestaltete sich die Ernte 25 des Winterobstes in Tirol, das uns im Spätherbst zu nie dagewesenen billigen preisen mit herrlichen Früchten versorgte.

Vöhmen schickte hauptsächlich Pflaumen, die trotz der Riescnernte der tausitz, Thüringens und Süddeutschlands zu 3 leidlichen preisen Absatz fanden.

Der Ertrag an Tafeltrauben war in Italien und Südfrankreich ganz außerordentlick» groß, vor dauernder Überfüllung wurde der Verliner Markt nur dadurch bewahrt, daß die französische und süditalienische Traube, diese infolge an haltender Vürre, jene infolge des Auftretens der Oeronospera, sich als nicht transportabel erwiesen.

Die preise aller Vbstgattungen waren mannigfachen Schwankungen unterworfen. In der letzten Periode der 5 «Lrnte erzielten (per 100 Ag.):

Kirschen, Erstlinge M. 70—i«.

Gleich am Anfang des Jahres fetzten die Märkte fehr fest ein. Man schätzte die kommende Rio-und 5antosLrnte, das ist diejenige, die man in den späteren Monaten des Jahres verarbeitet, auf nur 8 bis 8) Millionen 5ack, außerdem schärften Gerüchte über eine rapide Ausbreitung der f)est in Vrasilien die Erregung, und vor allem wurde von allen maßgebenden Häfen die Ansicht verbreitet, daß die sogenannten milden Aaffees, also speziell alle besseren centralamerika5 nischen Aaffees, einen bedeutenden Ernte-Ausfall haben würden.

Der sichtbare Weltvorrat war vom i. Dezember 1899 bis 1. April 1900 um 900,000 Sack heruntergegangen, woraus man schloß, daß die Ernte belangreich hinter den gehegten ‚« Erwartungen zurückbleiben würde. Seit Dezember 1899 bis April 1900 war allmählich eine Vesserung der Aaffee-Oreise von ca. 126 eingetreten.

In den beiden ersten Quartalen des Jahres war also das Geschäft ein fortwährend animiertes, und sowohl Grossisten, ‚5 wie Detaillisten hatten ein gutes Geschäft. Von Anfang August an nahm es aber eine andere Wendung, die JuliBewegung war eben eine ungesunde und unnatürliche gewesen, und für jeden Fachmann war es eine ausgemachte Sache, daß dieselbe dem Geschäft mehr fchaden als nützen - würde!

Die Zufuhren der diesjährigen Aaffee-Ernte waren im September ungemein groß geworden und erreichten mit 318,000 Sack die höchste je dagewesene Wochenzufuhr in Santos. 25 Dies und erhöhte Schätzungen der laufenden Ernte verstimmten sehr, die Aurse waren eine Woche flau, die andere etwas besser, und so ging es fort, bis im November endlich die Schätzungen der nächsten kommenden Vrasil-Ernte, also von 190001, bekannt wurden. Von ca. 12,000,000 Sack für 2 Rio und Santos sprechend, waren dieselben so enorm, daß sie ihre Wirkung auf den schon sehr verstauten Markt nicht verfehlten, wenngleich sie absolut keine innere Vcrecbtigung hatten, in dieser Höhe verbreitet zu werden. Der Abzug war natürlich im III. und IV, Quartal schwach, infolge dieser Zu 25 stände und infolge einer nicht wegzuleugnenden immer noch starken Versorgung der Detaillisten, die zum Teil noch aus 188 cniLKcii. cxui ihren alten Vorräten zehrten, die sie im Herbst 1899 zu den billigsten preisen von ca. 31 stf. eingethan hatten.

Im Frühjahr und Sommer war natürlich auch zu den erhöhten streifen manches zu teuer eingekauft, aber der Absatz der Aolonialwaren-Detaillisten litt (abgesehen von ganz annehmbarem Verdienst an den Rost-Melangen, bei immer noch nicht zu hohen Einkaufspreisen) nicht unbeträchtlich durch die Neuschaffung der sog, Massen-Filialen, die von großen Importeuren unterstützt werden, der Aaffee-Spezial Geschäfte, nicht zu sprechen vo» der Uonkurrenz, die diesem 5tand sonst erwächst durch die Uonsum-und Veamten-Vereine und sogar der Warenhäuser, die sich neuerdings auch auf den MassenVerkauf von Nahrungsmitteln gelegt haben.

Die streife waren, nachdem nun namentlich in Hamburg im Dezember ein Aaffeekrach eingetreten war und viele Haussiers zu Vaissiers geworden, und viele schwache Termin(vutfiders zu billigsten Realisationen gezwungen waren, seit August ca. 17 stf. per stfund gewichen, fodaß man um Mitte Dezember notierte: 3anto3 ß«6 2ver3,e ) Dezbr. iycx März 19QI Mai 19N1 3ept. lyoi Termin j ca. 3 Pf. 31 Pf. 31 Pf. 32 Pf.

c Die Tigarrenfabrikation

Die Cigarrenfabrikation hat sich ziemlich auf der alten Höhe gehalten, da die Fabrikanten sowohl in Verlin, wie in den auswärtigen Filialen bis jetzt noch mit Arbeitseinschränkungen zurückgehalten haben. Infolgedessen dürften sie teilweise mit sehr stark gefüllten Magern in das neue Jahr hineingehen. Im Zusammenhang damit steht auch das immer stärker hervortretende Vestreben der Fabrikanten, durch Eröffnung von Verkaufsläden in verschiedenen Gegenden der Stadt in direkten Verkehr mit den Konsumenten zu treten. Es läßt sich ja nicht verkennen, daß es für den Fabrikanten etwas Verlockendes hat, neben seinem Fabrikationsverdienst auch noch den Gewinn des Detaillisten für sich zu nehmen; aber man wird abwarten müssen, ob das Experiment allen glücken wird. Ls ist, um es durchzuführen, ein nicht unbedeutendes Organisationstalent notwendig, und

zweitens fragt es sich, ob der weiter der Fabrik seine Arbeitskraft nicht besser verwertet, wenn er sie ganz seiner Fabrik widmet, als wenn er sie auf Fabrikation und Detailverkauf zersplittert.

Linen weiteren Schaden haben gerade die Verliner Fabrikanten, welche fast ausschließlich nur bessere Ware fabrizieren, dadurch erlitten, daß, nachdem schon durch die Sonntagsruhe ein Teil des Tigarrenverkaufs aus den Tigarrenläden in die Restaurationen und Destillationen gedrängt worden ist, diese Verschiebung durch die gesetzliche Einführung des Neun-Uhrladenschlusses, von welcher auch weiter unten noch die Rede sein wird, fortgesetzt worden ist. 3s ist natürlich schwer, schon jetzt ein zutreffendes Urteil über die Wirkung dieser erst am i. Oktober 1900 eingeführten Maßregel abzugeben, aber es ist nicht zu verkennen, daß einzelne Geschäfte in denjenigen Straßen, in denen der späte Abend- und Nachtverkehr sich konzentriert, großen Schaden erleiden, und was diese geschädigten Verkäufer verlieren, kommt meist den Restaurationen zu gute. Die Restaurateure sind aber zum größten Teil 3aien im Tabaksgeschäft, und während der Tigarrenhändler darauf hält, gute Ware zu führen, um sich dadurch seine Kundschaft zu erhalten, läßt sich der Restaurateur leicht verleiten, die ihm von auswärtigen Fabrikanten angebotenen billigen Sorten, besonders wenn dieselben durch schöne Ausstattung blenden, zu kaufen; er weiß ja, daß sie seine Gäste kaufen, daß sie keine Auswahl haben. So geht denjenigen Fabrikanten, welche bessere Ware liefern und natürlich auch auf preise halten müssen, ein Teil ihres Kundenkreises verloren.

Das Tigarren-Detail-Verkaufsgeschäft leidet, wie schon erwähnt, unter dem Neun-Uhr3adenschluß; doch ist die Zeit noch zu kurz, um ein endgiltiges Urteil über die Wirkung dieser gesetzlichen Anordnung abgeben zu können. Vis jetzt läßt sich nur soviel sagen, daß einzelne Geschäfte, deren Haupt verkauf in der Zeit nach dem Schluß der Theater stattfand, sehr hart getroffen worden sind, während wieder andere, die auch früher fchon zwischen 8—9 Uhr schlössen, garnicht darunter leiden. Einige taden-Inhaber, welche bislang um 10 Uhr 5 oder bald nach ic Uhr schlössen, teilen mit, daß sich der Verkauf zwischen 8 und 9 Uhr sehr gesteigert hat; daß aber der Ichaden durch den Fortfall der Verkaufszeit zwischen 9 und ic Uhr ganz ausgeglichen wird, können sie noch nicht behaupten, hoffen jedoch darauf. Auf jeden Fall sind aber die Eigarrenhänd , ler durch diese gesetzliche Anordnung mehr benachteiligt als alle anderen Aaufleute, da die Ware, deren Verkauf ihnen nach 9 Uhr verboten ist, zu derselben Zeit an zahlreichen anderen Verkaufsstellen (Restaurationen) verkauft werden darf.

Für den Export des im Auslande in hohem Ansehen 15 stehenden deutschen Eigarrenfabrikats kommen namentlich Rußland, Schweden, Norwegen, Holland, England und die englischen Kolonien, die Schweiz, Ägypten und Argentinien in Vetracht, während die Ulonopolstaaten und die Vereinigten Staaten von Amerika für den regulären Verkehr gänzlich aus 2 scheiden. Von den zuerst erwähnten Staaten ist England mit seinen Uolonien am aufnahmefähigsten, beider sind die Zölle in England so hoch, daß auf ioc»c Stück Eigarren im Gewicht von 10 f)fd. einige 6o Nl. Zoll vom Importeur zu entrichten sind (pro 1 Pfd. engl, netto 5 5N 66-j-10 Ariegsaufschlag).
25 Nur äußerster Anstrengung und gediegenen Leistungen gelingt es unter solchen Verhältnissen, sich ein Absatzgebiet in England zu erschließen. Nach wie vor müssen die nach England gehenden deutschen Eigcirren mit dem Stempel der Herkunft versehen werden. Aber das "ma6e in Qerm2n/`, das nach 3 Mitteilungen deutscher Konsulate besser durch "warrante« (ermÄN manutacture" ersetzt wird, ist zu einem Ehrennamen geworden.

Der Verkehr nach Rußland wird durch noch höheren Zoll beschwert als nach England. Daher wird er trotz unserer regen 25 Vezichungen zu Rußland nicht den Export nach England erre-

ichen. Umgekehrt sind Rußland und England wie Ägypten starke Lieferanten für den deutschen «ligarettenkonsum. Ls wird als felbstverständlich vorausgesetzt, daß in jedem besseren Geschäft der Hauptstadt und der Orovinzialstädte mehrere Sorten russischer, ägyptischer, englischer und anderer «ligaret5 ten zu verschiedensten preisen vorhanden sind. Der deutsche Zoll von 270 M. pro 100 K, «Zigaretten steht der erfolgreichen Linfuhr guten, fremden Fabrikats nicht entgegen.

Tote Fische:

Seefische....,, 2,530,«» M, 46,«» Ltr. 55 IN, 25 Russ, Zander 1,200,5c» ,, 24,5c» „ 49,, versch, Flußfische.,. 6c8,cx» „ 16,000,, 38,,

Im Geschäftsverlaufe kann eine wesentliche Abweichung gegen das Vorjahr nicht konstatiert werden, wenngleich es an Anzeichen für einen gewissen Rückgang des Vestandes einzel» iy2 comkcii. ciDK.»!» ner Fischarten nicht mangelt. Die preise für lebende wie tote Flußfische können trotz des in den Zahlen gegebenen Abschlags bei mehreren Gattungen als ziemlich gleich bleibende bezeichnet werden, wohingegen bei Seefischen eine oftmals nicht un5 wesentliche Steigerung zu Tage tritt. Aus letzterem Umstände darf man wohl mit Recht nicht nur auf ein weiteres wachsen des Konsums von Seefischen, sondern auch auf eine sich vollziehende Ergänzung und Ausfüllung des Mangels genügender einheimischer Flußfische schließen. Die speciellen , f)reistabellen bestätigen augenscheinlich, daß viele Fische, einheimische, importierte und dem Meere entnommene, dem preise nach aufgehört haben, zu den Volksnahrungsmitteln zu zählen und nur noch für die bemittelten Areise in Vetracht kommen. Fische als einzige und Hauptmahlzeit zu genießen, 15 ist bei den obwaltenden Verhältnissen teuer und für den kleinen Mann kaum, für einen großen Prozentsatz des Mittelstandes nur selten möglich, was bei ihrem Nährwert höchst beklagenswert ist. Mit allen Mitteln sollte dem Fischhandel der weg geebnet werden, damit er immer breiteren Volks 2 schichten eine preiswerte

Nahrung bieten kann. Unzeitgemäße und mangelhafte Gesetzes-Vestimmungen, deren Erfüllung ausgeschlossen ist, und von deren strenger Durchführung selbst die Behörden absehen, hemmen noch immer den Verkehr. Neuerdings erstreben gesonderte Interessenten durch fortge

«5 setzte Agitation einen Zoll auf die ausländische Zufuhr, trotzdem erwiesenermaßen der einheimische Fischbestand dem Vedarf nicht gewachsen ist. Vb dieser Mangel, den alle künstliche Zucht bisher nicht zu beseitigen vermochte, auf Raubsischerei und nicht genügend durchgreifende Aufsicht oder auf 2 eine natürliche Entwickelung zurückzuführen ist, sei dahingestellt, iedcnfalls erheischt er eine strenge Schonung während der Laichzeit und duldet keine Einschränkung der Zufuhr.

Im besonderen muß erwähnt werden, daß bessere Seefischarten durchaus nicht genügend, und weniger als in den 35 Vorjahren zugeführt wurden, wohingegen die gewöhnlicheren Arten in größeren Mengen auf den Markt kamen.

Noch bis vor wenig mehr als fünf Jahren war frischer 3achs stets reichlich vorhanden. Jetzt wird manchmal wochenlang an den verschiedenen Fangstellen, auch in der besten Zeit, nichts an Cand gebracht, so daß selbst in Verlin, wo alles 5 zusammenstießt, kaum Ware ankommt. Unter diesen Umständen sind die preise sehr gestiegen, selbst in den Hauptfangbezirken und der Hauptfangperiode der «Vstsee gegen früher um das Doppelte. 5o konnte von einer Uonsumsteigerung nicht die Rede fein, denn wenn als Ersatz auch in ziemlichen , Massen amerikanischer 3achs im gefrorenen Zustande, wie schon seit Jahren, importiert wurde, so ist seine Qualität an sich gering, auch hat sie in vielen Fällen zu sehr durch den Transport gelitten, und er ist infolgedessen trotz sehr niedriger preise schlecht absetzbar. ,5 Auch die Veschaffung guten Räucherlachses machte große Schwierigkeiten, man war fast allein auf Amerika angewiesen, wobei dasselbe zutrifft, was in Vezug auf den frischen gefrorenen amerikanischen 3achs gesagt ist. Bessere Sorten, wie Rhein- und Weserlachs, sind selbst für die best- situierten Alassen zu kostspielig gewor- den.

Tote Uarpfen wurden nur reichlich aus Rußland eingeführt, wogegen Rumänien, durch die üblen Erfahrungen in den Vorjahren abgeschreckt, ganz zurückgeblieben war; auch aus Italien kamen nur unbedeutende Probesendun- gen, 25 bei denen man nicht seine Rech- nung gefunden zu haben scheint. Dafür waren russische tote Uarpfen in der Hauptbedarfszeit, d. i. den Weihnacht- stagen, in größeren Exemplaren fehr billig, was freilich nicht an den Zu- fuhren, fondern an der ungünstigen Wit- terung lag, denn die Ware war nicht mehr 3 zu halten und mußte losgeschla- gen werden. Desto günstiger gestaltete sich der Handel mit lebenden Uarpfen, diese erfuhren eher eine Preissteigerung gegen die Vorjahre und wurden stark begehrt; aller Voraussicht nach ist auch für die Zukunft auf einen Preisrückgang trotz aller Züchtung nicht zu rechnen, 35 da der Vedarf unbedingt zugenom- men hat.

Die Zufuhren von frifchen Heringen waren sehr gering Die schwedischen Heringsschwärme, die schon im vergan- genen Jahre nicht mehr groß gewesen, haben sich weiter vermindert; man hat daher die kleinen norwegischen Heringe eingeführt, den Vezug dann weiter ausgedehnt und teure Heringe aus 5 England bezogen, die aber niemals so frisch eintrafen, als man dies von den schwedischen gewöhnt war. Auch der Fang in der Ostsee bot dem Handel wenig Ersatz, da die Ware zu klein, zu teuer und nicht haltbar genug war. Auf jeden Fall hat der Handel einen großen Verlust durch das Ausblei i ben der schwedischen Heringe erlitten; denn diese wurden auch mariniert und in großen Mengen geräuchert und machten so einen ganz bedeutenden Handelsartikel aus.

7. Vfenfabrikatisn

Der Vedarf an Aachelöfen in Verlin und Vororten sowie in den Provinzen hat sich im Allgemeinen gegen 1899 nicht 15 verändert, leider aber sind die (Vfenpreise, welche sich bis gegen Mitte Juni auf mittlerer Höhe gehalten hatten, durch das Eingehen der Verkaufsstelle der vereinigten Veltener Gfenfabriken und die dadurch bedingte Auflösung des Verbandes der Deutschen (Vfenfabrikanten sehr gedrückt worden. 2« Durch den‚Tischlerstrike vom Januar bis März verzögerten sich die Arbeiten in den Neubauten auch für die Töpfer. Dadurch vergrößerte sich der 3agerbe- stand in den Gfenfabriken, was manche Fabrikanten nötigte, zu preisen zu verkam fen, die den Herstellungspreis der Ofen nicht deckten. Diese 2; Verkaufspreise veranlaßten unter den hiesigen Töpfermeistern bei lieferungen für Neubauten eine sehr unangenehme Aon» kurrenz.

Vei alledem haben die Arbeiter in den Veltener Gfenfabriken eine Erhöhung der 3öhne durchsetzen kön- nen. Es 3 standen nur wenig Arbeits- kräfte zur Verfügung, da die Arbeit- erkommission die jüngeren Teute ver- anlaßt hatte, Arbeit in den an der Vahn Verlin-Tegel neu entstandenen Fabriken zu nehmen, obgleich die Wohnverhältnisse nur anscheinend gün- stigere als in Veiten waren.

Im allgemeinen Interesse des Grtes bewilligte man den Wochenlohn-Ar- beitern und Rutschern den verlangten höheren 5 lohn, der für die ersteren 25 Vf. pro Arbeitsstunde und für die Rutscher 16!N. pro Woche beträgt, wobei diesen für die Fahrten nach außerhalb bezw. Verlin noch eine besondere Vergütung gezahlt wird. Ebenso wurden den Accordarbeitern, den Rachel-und Simsmachern 5 Lohn- erhöhung bewilligt.

Gewandte Arbeiter verdienen wöchentlich 30 M. und mehr. Die Ac- cordarbeiter verlangten aber 15 Zuschlag mit der Vedingung, daß sich die Fabrikanten verpflichteten, diesen erhöhten lohn bis 1. April 1902 zu bezahlen. Veides mußte in Anbetracht der Geschäftslage abgelehnt werden. Samt 15 liche Arbeiter der 57 Fabriken traten dann in einen Generalstrike ein, der nach einigen Wochen dadurch been- det wurde, daß den Accordarbeitern statt der bereits bewilligten 5 nun 6/6 höhere löhne zugestanden wurden.

Die löhne der Vfensetzer sind un- verändert geblieben, un

« ter denen aller Vauhandwerker wohl die höchsten; der gelinde Winter verschaffte ihnen bis zum Schluß des Jahres dauernde und lohnende Beschäf- tigung.

Die Holz-, Aohlen-und Metallpreise sind noch immer außerordentlich hoch und erfordern allein fchon eine Erhöhung -5 des Herstellungspreises der öfen um 25; doch ist es bei der im- mer größeren Konkurrenz nicht möglich, bessere Verkaufspreise zu erzielen.

Seitens der Verliner Stadtverwaltung hatte man in den letzten Jahren be- gonnen, an Stelle der Kachelöfen Gasöfen 3 zur Heizung der Schulräume zu verwenden. Die versuche sind bis jetzt jedoch nicht zur Zufriedenheit der Behörden ausgefallen und werden wohl bald ganz aufgegeben werden. vor dem hiesigen Gewerbegericht ist zwischen Arbeitgebern und Arbeit- nehmern im Tlöpfereigewerbe ein Ver- trag 25 abgeschlossen worden, durch den Accordlöhne festgesetzt und die gesetzliche Aündigungsfrist durch die für beide Teile bestehende ‚n6 «KMKKI K«,K Möglichkeit, das Arbeitsverhältnis jed- erzeit zu lösen, ersetzt wurde. Der Ver- trag läuft zunächst bis zum Z i. Dezem- ber lyoi und gilt als ein Jahr verlängert, wenn er nicht bis zum ZQ. September 1901 gekündigt wird. Maßregelungen oder 5 Voykottierungen dürfen beider- seitig nicht stattfinden. Vei Streitigkeit- en entscheiden die Meister-und Gesell- en-Aommissionen. Sollte ein Geselle seine angefangene Arbeit liegen lassen, so ist der Meister berechtigt, dieselbe durch einen anderen Töpfer fertigstellen zu lassen. Lrsterer hat sich dann mit . »der jDreiseinteilung des Meisters zufrieden zu geben. Der j)reis muß je- doch der geleisteten Arbeit entsprechen.

8. Fahrräder-Fabritation

«Line auswärtige Fabrik, welche in Verlin eine Niederlage unterhält, teilt folgendes mit 1

Die Fahrrad-Fabrikation hat in Verlin

einen weiteren ,5 Rückgang zu verzeichnen. Von einer Verliner Fahrrad-Industrie kann kaum noch gesprochen
werden. Die wenigen Firmen, welche
neben ihren ursprünglichen Artikeln
heute noch Fahrräder in kleinerem Umfange erzeugen, erzielen hierbei nicht
nur keinen Gewinn, sondern arbeiten
meistens eher mit 2 Verlust.
wenn auch die Fahrrad-Industrie auf der
ganzen Welt, wie auch in Deutschland
arg darniederliegt, so gelingt es doch
noch einzelnen deutschen Fabriken
einigen Gewinn zu erzielen. In, Vorteil
sind hierbei diejenigen Firmen, welche
die 25 Fahrrad-Fabrikation am ehesten
aufgenommen haben und die ein beson-
deres Renommee mit ihrer Marke errungen haben. Die Verliner Fabrikanten
haben sich erst vor einigen Jahren
entschlossen, Fahrräder herzustellen,
weshalb ihnen die Vorteile verloren
gehen, welche die alten Fahrradfabriken
3 wegen ihres langen Vestehens besitzen.

Infolge der heute fo niedrigen preise
und der erhöhten Aosten der Herstellung ist es den Verliner Fabrikanten fast
unmöglich, zu konkurrieren, weil die
höheren Fabrikationsspesen, auch Arbeitslöhne sehr ins Gewicht fallen.

Die Zölle in allen benachbarten Ländern, wie auch die der überseeischen,
sind in der alten Höhe geblieben, so daß
sie bei 5 den heutigen niedrigen streifen
fast immer zz—zc vom werte betragen.
Die in Deutschland herrschenden
niedrigen streife, die einen Nutzen für
den Fabrikanten fast nicht mehr übrig
lassen, haben den Erfolg gehabt, daß
ausländische, z. V. amerikanische,
Fabrikanten trotz des niedrigen Ein-
fuhrzolles ,n es aufgegeben haben, nach
Deutschland zu exportieren, weil sie bei
diesem Geschäft nicht mehr ihre Rechnung finden.

Der geringe Absatz in Fahrrädern
und das damit verbundene ungenügende
Geschäft für die Händler ist in verschiedenen Einflüssen zu suchen. Die
vornehmere Welt betreibt den Rad .5
fahr5port nicht mehr wie vor einigen
Jahren, und infolgedessen ist besonders
die Nachfrage nach luxusmodellen ganz
gering geworden. Der Haupt-Absatz

beschränkt sich heute auf billige
Fahrräder, weil diefe von den breiten
Nassen der Bevölkerung gekauft und
benutzt werden.
2 Der Verkauf von Fahrrädern mittels
Gutscheinen (sogenanntes 5chnee-
ballen-3ystem) hat viel dazu beigetra-
gen, den soliden Fahrrad-Handel zu ru-
inieren. Einzelne Unternehmer haben
durch dieses Geschäftsverfahren auf
Aosten der leichtgläubigen Menge
große 2ummen verdient. 25 Die mannigfachen Beschränkungen, welche in
Verlin seitens der stolizei den Rad-
fahrern auferlegt werden, tragen dazu
bei, vielen die Freude am Sport zu ver-
leiden, weshalb es sehr wünschenswert
erscheint, daß diese Verbote aufge-
hoben und wenn möglich, wie in anderen großen Städten, Rad 2 fahrerwege
geschaffen werden. u. Schreibmaschi-
nen Fabrikation und-Handel

Ulaviatur-Schreibmaschinrn wurden
in Deutschland seit dem Jahre 1892
ausschließlich von einer Verliner Firma
angefertigt, seit zwei Jahren sind dazu
in Deutschland noch zwei neue
Fabriken, neuerdings noch eine dritte
getreten.
5 Angesichts der überwältigenden
Aonkurrenz amerikanischer Ichreib-
maschinen-Fabrikate und der dafür ent-
twickelten Reklame und Propaganda
bei den Behörden des Reichs und den
Linzelstaaten hat die hiesige Schreib-
maschinen-Fabrikation trotz der Anerkennung für Vortrefflichkeit der Ausführung und .«zweckentsprechenden
Leistung einen durchgreifenden
Massenerfolg nicht zeitigen können.
Die Vorliebe für ausländisches, speciell
amerikanisches, Maschinen-Fabrikat
und die bis zum heutigen Tage fast zoll-
freie Einfuhr amerikanischer Schreib-
maschinen-Fabrikate bringt es zu Wege,
daß es auch in diesem 15 Jahre der
hiesigen Fabrik nur möglich gewesen
ist, den Absatz in bescheidenen Grenzen zu halten. 10. Elektrotechnische
Fabrikation
Die Firma Siemens sc Halste Aktiengesellschaft teilt folgendes mit:
Das vergangene Jahr war gleich
seinen Vorgängern für-uns ein befriedigendes. Freilich hat die Geldknappheit

im laufe desselben eher zu-als
abgenommen, auch war der Wettbe-
werb noch weiter im Steigen begriffen.
Dennoch ist es uns bisher gelungen,
teils durch Steigerung des Umsatzes,
teils durch Verbesserung des inneren
Vetriebes einen befriedigen25 den Erfolg zu erzielen.

Auf dem Gebiete des Vahnwesens
wurden Versuche mit einem elektrisch
betriebenen Zuge auf der Wannseebahn
in Angriff genommen und damit der
elektrische Vetrieb zum erstenmal in
Deutschland auf eine Vollbahn
verpflanzt. Line zweite Anwendung auf
einer Dollbahn sind wir im Begriff in
Holland auszuführen.

Das System der unterirdifchen
Stromzuführung hat dank dem Umstände, daß es sich im Winter 1899/
1900 glänzend in 5 Verlin bewährte,
auch außerhalb Verlins erheblich an
Wertschätzung gewonnen.

Elektrische Schiffskommando-und
ZeichenübertragungsApparate fanden
steigende Veachtung, die sich in einer
bedeutenden Anzahl von Aufträgen
äußerte. Hier mag auch ein Steuerappa-
rat nach einem neuen uns patentierten
System angeführt werden, der zum erstenmal gegen Ende des Jahres 1900
ausgeführt wurde.
11. 2tahlfedernfabritation
Line hiesige Fabrik schreibt:
Der Absatz in Stahlfedern hat auch
im verflossenen Jahre ,5 erfreulicher
weise zugenommen. Allerdings konnte
dies Mehr nur durch besondere Anstrengungen mit Unkosten erreicht werden. Es wird der einheimischen
Stahlfeder-Industrie im allgemeinen
noch immer recht schwer gemacht, die
englische Aonkurrenz zu verdrängen,
trotz des dankbar anzuerkennen 2 den
Interesses der Vehörden für unsere
deutschen Stahlfedern. Der Umstand,
daß ganz bedeutende Mengen englischer Federn mit deutschen Grtsbezeich-
nungen nach hier kommen dürfen, giebt
leider zu häusig Veranlassung zur Ver-
schleierung des Ursprungs.
25 Das von uns eingeführte Spitzensys-
tem hat sich als Erleichterung für den
Verkauf und bei der Auswahl von
Stahlfedern bewährt. In die an-

scheinende Regellosigkeit der zahlreichen Federformen ist hierdurch Einfachheit und Übersicht gebracht worden. , Das Exportgeschäft ist in fortschreitender Entwicklung begriffen, wir lieferten im vergangenen Jahre für die verschiedensten Ubcrseeplätze eigenartige, zum Teil besonders konstruierte Stahlfedern, die zum Ersätze des Ralams, des Schreibpinsels oder ähnlicher Schreibwerkzeuge bestimmt waren. Die deutsche Stahlfeder-Fabrikation hat ein lebhaftes Interesse an dem ersprießlichen Ausbau deutscher Handels5 beziehungen ebenso wie an einer, dem Lxportbedürfnis des Industriezweiges Rechnung tragenden Ausgestaltung des Zolltarifs: keine Verteuerung der nötigen Rohstoffe durch erhöhte deutsche Zölle und keine höheren fremden Zölle auf deutsche Stahlfedern. 12, Gold und Juwelen

Vie wirtschaftliche Depression, unter welcher die Geschäftswelt im vergangenen Jahre zu leiden hatte, konnte naturgemäß ihren Einfluß auf die Gold- und Silberwarenbranche, welche doch fast ausschließlich luxusbedürfnissen dient, nicht verfehlen. Die Resultate der ersten Jahreshälfte waren ,5 noch befriedigend, dann aber verstaute das Geschäft, und blieb, einzelne durch großen Fremdenverkehr belebte Monate abgerechnet, still bis zum Jahresschluß. Die Weihnachtsumsätze waren erheblich geringer als in den Vorjahren, aber immer noch besser, als man bei der allgemeinen Geschäftslage erwar tet hatte.

Das Verhältnis zwischen Arbeitgebern und Arbeitnehmern war durchweg ein gutes. Uleine Differenzen, speciell hinsichtlich der Arbeitszeit, wurden in friedlicher weise rasch beigelegt.

25 In Goldwaren war das Geschäft, soweit es den LngrosHandel betrifft, nicht so gut, wie man erwartet hatte. Besonders in besserer Ware blieb der Umsatz trotz großer Anstrengungen, erheblich hinter dem Vorjahre zurück. Hingegen hatten die hiesigen Fabrikanten von Goldwaren und die , Werkstätten, die Fassungen herstellen, vollauf zu thun, und hier machte sich wieder ein Mangel an tüchtigen Arbeitskräften bemerkbar. Die neue Stilrichtung findet besonders für Juwelen-Fassungen immer mehr Anklang und Verbreitung. Vessere Fassungen wurden fast nur aus Platina gefertigt. Auch künstlerisch ausgeführte Gegenstände in Gold und Emaille wurden trotz der sehr hohen Herstellungskosten viel verkauft. — 5 Das Detail-Geschäft war im allgemeinen nicht schlecht. Die Pariser Welt-Ausstellung wirkte nicht so schädlich, als man befürchtet hatte, wenn auch manche Konsumenten in Folge der in Paris gemachten Erwerbungen in Verlin ihre gewohnten Einkäufe beschränkten, so brachten doch anderer ,c. seits die vielen von und nach Paris hier durchreisenden Fremden, meistens Amerikaner und Russen, mehr als genügenden Ersatz.

Der Erport von Goldwaren feineren Genres (nur diese weiden von Verlin ausgeführt) ist zurückgegangen. Die Hoff : nungen, welche man im vergangenen Jahre auf das Pariser Geschäft gesetzt hatte, haben sich nicht erfüllt. England fing erst im Herbst an größere Bestellungen zu geben, während Rußland im Frühjahr flott kaufte, später aber sehr wenig bestellte.

« Das Geschäft in Vrillanten war, der allgemeinen Geschäftslage entsprechend, und auch in Folge der sehr hohen Preise schwächer als in den Vorjahren. Die Einfuhr von Rohwaren war erheblich geringer. Es wurden aus der Aapkolonie für Lz,4zz,8oci gegen 4,135,600 im Vorjahre aus» 25 geführt. Es wird noch lange dauern, ehe die afrikanischen Nlinen ihren regulären Vetricb wieder aufnehmen können, abgesehen davon, daß die Ergiebigkeit der Gruben allem Anscheine nach erheblich nachgelassen hat. Das londoner Syndikat, welches die Gesamtproduktion der Debeers-Eompany zc, vertreibt, ließ wiederholt Preiserhöhungen eintreten und hat noch weitere in Aussicht gestellt, die sicher in Araft treten werden, sobald die Nachfrage wieder stärker wird. Naturgemäß machte auch die Hausse für geschliffene Ware weitere Fortschritte, während aber früher besonders die feineren Auali 5 täten im Preise anzogen, sind diese im vergangenen Jahre nur noch wenig gestiegen, wogegen für geringe und INittelware 202 U«»iciI «KIXN eine Preiserhöhung bis zu 50 erzielt wurde. Vesonders kleine Ware (bis zu 1 Aarat) wurde viel verkauft, während große Steine vernachlässigt blieben. Die herrschendeMode, Vrillanten im „neuen Stil" zu fassen, bei dem vorwiegend 5 kleine Steine Verwendung finden, dürfte für den größeren Aonsum dieses Artikels von «Linfluß gewesen sein, während die Preiserhöhung, abgesehen von dem höheren Werte des Rohmaterials, auch darin ihren Grund hat, daß die Schleifer in Amsterdam durch einen circa sechs Wochen anhaltenden .»Strike eine Erhöhung des Arbeitslohnes speciell für kleine Ware durchsetzten. — Ls ist von allen Sorten Vrillanten genügend Material am Markte; trotzdem ist an ein Heruntergehen der preise vorläufig nicht zu denken. 3s sei noch bemerkt, daß, Zeitungsnachrichten zufolge, sowohl in Vritish 15 Guyana als auch in deutschen Aolonien Diamantfunde gemacht sein sollen. Im Handel hal sich aber aus diesen Ländern stammende Ware bisher noch nicht gezeigt.

In sterlen war das Geschäft lebhaft. Uleine Sorten (zu sogenannten „Hunde-Colliers") wurden 25—35 höher be 2« zahlt; ebenso waren große steilen (über 6 Gran) in feinen Qualitäten gesucht und teurer. — Von den sterlenfischereien in Wisconsin und Arkansas wurden Produkte an den Markt gebracht, welche kaum noch als sterlen zu bezeichnen sind. Es sind perlmutterartige Stücke in Vananen-Form, die zur Her ,5 stellung von sthantasieschmuck viel gekauft wurden. Die streife waren, der Qualität entsprechend, sehr minimal.

Der Handel in Farbsteinen bot gegen das Vorsahr keine nennenswerten Veränderungen. Der Absatz war normal, und die streife behielten ihre bisherige Höhe. Rubin und Sma 3ragd blieben noch immer beliebt; die gesteigerten streife haben ihre Höhe behauptet, was besonders dadurch unterstützt wurde, daß bei größerer Ware feiner Qualität der Vedarf nicht immer in gewünschtem Umfange gedeckt werden konnte, wenn man nicht gerade ganz abnorme streife bewilligen wollte. Viel ,5 gefragt und teuer bezahlt wurden Aorallen in feinster Hellrosa Farbe.

i,. Wollhandel

Das abgelaufene Jahr ist für die Wollbranche höchst unheilvoll gewesen und zählt zu den allerungünstigsten. — Zwar begann es mit guten Aussichten; die Fabriken waren allenthalben lohnend beschäftigt; es herrschte überall Vertrauen, der 5 Verbrauch war groß, und die Zufuhren von Rohmaterial blieben nach wie vor geringer als sonst; dabei hatten die streife einen sehr hohen Stand erreicht. Aber schon Mitte Januar trat ein Stillstand in der Hausse ein, welcher bei den übermäßig gestiegenen streifen gefährlich werden mußte. Unerwartet «ging von den Terminmärkten eine Vaisse-Vewegung aus, die, rasch fortschreitend, durch große Zahlungseinstellungen in Frankreich und Zwangsverkäufe unterstützt, mit geringen Unterbrechungen bis in den November anhielt. Die streife für das Rohmaterial folgten diesem Rückgänge, das Vertrauen ,-schwand vollständig, jede Unternehmung war ausgeschlossen, und dem ganzen Gewerbe wurden enorme Verluste zugefügt. «Lrst mit der Antwerpener Auktion im November, auf welcher sich unerwartet starker Vedarf einstellte, kam die Baisse zum Stillstande, es hatte den Anschein, als wenn der niedrigste 2 Standpunkt erreicht sei, auch zeigte sich wieder auf allen wollstapelplätzen mehr Nachfrage, welche bis zum Schlüsse des Jahres zu geregelteren streifen anhielt. Die streisrückgänge für überseeische wollen waren größer, als diejenigen für deutsche, weil in jenen bereits zu Anfang der Saison, Herbst 1899, 25 in den Aolonien der größte Teil des Bedarfes für das Jahr 1900 zu den hohen streifen gedeckt wmde, in deutschen dagegen wurde ein sehr kleines Quantum in das neue Jahr genommen, die abnorm hohen Forderungen der stroduzenten hielten vom Aontraktgeschäfte zurück, sodaß in diesen Genres , das eigentliche Geschäft erst mit der neuen Schur im U7ai— Juni begann.

Am 19. Juni begann der hiesige öffentliche Ularkt und war bei ruhigem Geschäfte an diesem Tage auch beendet. Die Zufuhren kamen denen des Vorjahres gleich — ca. 4000 Ttr. —

Das Geschäft auf den lagern konnte sich nicht entwickeln. Einschließlich ungewaschener wollen wurden zum Verkaufe gestellt: auf dem öffentlichen Markte selbst,,,, ca. 4,00« Ctr. 5 auf den lagern ,, 2«,«««,, zusammen ca, 24,cxx Ctr,

Alte Bestände waren nicht vorhanden. — Rückenwäschen wurden bezahlt: Feine und hochfeine mit 165— 191!U., gute und mittelfeine mit 141 — 160 IN., schlechter behandelte mit izo— 142 IN., und ungewaschene wollen , mit 55-70 Ul. pro lltr.

Australien lieferte 1,456,000 gegen 1,641,000 im Vorjahre, die 3a f)lata5taaten 51 Z,ooo gegen 540,000, das Aap 140,000 gegen 267,000 Valien. Ls darf jedoch nicht unberücksichtigt bleiben, daß infolge des Arieges in Südafrika ,z nicht mehr als 70,000 Valien zurückblieben, welche — teils infolge der gestörten Transportverhältnisse im Innern zurückgehalten, teils in den Rasenplätzen von den Lignern aufgespeichert und in der Hoffnung auf eine baldige sireisbesserung nicht zum Verkauf gestellt — in die neue Saison mit hinüber 2» genommen wurden, sodaß der eigentliche, durch den Urieg verursachte Ausfall am Aap ca. 50,000 Valien betrug.

14. Uunstwollfabritation und-Handel

Die Fabrikation von Runstwolle in Verlin und Umgegend hat von Jahr zu Jahr abgenommen; eine Fabrik nach der anderen stellte den Vetrieb ein, und nachdem Anfang 1900 25 auch eine der ältesten — die Hahnsche — aufgehört, existiert nur noch ein einziges Ltablissement in Aöpenick, welches durch besondere Umstände begünstigt ist. Die Ursachen dieses Rückganges sind hauptsächlich in folgendem zu suchen:

Die Aunstwollfabrikation besteht aus zwei Teilen: 1. der j Sortierung der wollenen 3umpen nach Farbe, Qualität:c., 2. dem Reinigen und Aufreißen der sortierten 3umpen.

letztere Manipulation ist eine verhältnismäßig einfache, und die maschinellen Einrichtungen dazu sind wenig kostspielig. Als nun die Lumpenhändler selbst den ersten Teil jener Fabrikation, d. h. die Sortierung, einrichteten, allmählich ver5 oollkommneten und dem Vedarf anpaßten, und das maschinenfertige Rohmaterial, die Lumpen, nach Klassen, Qualitäten, Farben:c. sortiert, zum verkauf stellten, waren die bisherigen Abnehmer der Aunstwolle, die Tuchfabrikanten, mit Aufwand von ganz geringen Rosten im stände, sich die lumpen 1 zu kaufen, aufzureißen und sich so ihre Aunstwolle selbst herzustellen, und zwar billiger, als die Verliner Aunstwollfabrikanten mit ihren bedeutend höheren Arbeitslöhnen und Generalkosten es vermocht hatten. Somit verlor die Aunstwollfabrikation in Verlin ihre Lxistenzmöglichkeit. ,5 Der Aunstwollhandel hat sich entsprechend vermindert und liegt in der Hand nur einzelner weniger Häuser, die durch Alter und Ansehen ihre Vedeutung bewahren konnten; aber auch diese müssen sich auf England, das größte Exportland von Aunstwolle, stützen, wo sie ihre eigenen Eomptoire und 2» 3ager unterhalten.

Es wird daher zu weiteren Verichten über Aunstwolle kaum noch Stoff vorliegen.

15. Fabrikation von wollenen und halbwollenen Stoffen und Plüschen

Vas Jahr 1900 war für die Fabrikation von wollenen und halbwollenen Stoffen und Plüschen sehr ungünstig und-5 verlustbringend.

Die gegen Ende 1899 eingetretene enorme Steigerung der wollpreise veranlaßt« größere Nachfrage nach Verliner Stoffen, welche, weil zur Rückseite das wesentlich billigere Shoddy verwandt wird, sich billiger stellten, als ähnliche Fabrikate mit,, woll-oder Mungofutter. Infolgedessen wurden große Quantitäten von Stapelartikeln, Satin, Eorkscrew u. s. w. fabriziert, aber schon zu Veginn des Jahres stockte der Absatz, und der bereits erwähnte, bedeutende Rückgang der wollpreise verursachte einen noch größeren Rückgang der Warenpreise und, was noch schlimmer war, vollständige Zurückhaltung derAäu 5 fer. waren bei hohen preisen bessere, von den Fabrikstädten Forst, Zpremberg, Uottbus, Crimmitschau:c. gelieferte Qualitäten durch billigere Verliner Fabrikate ersetzt worden, so unterblieb dies bei Eintritt der Woll-Vaisse. Vis gegen Ende des Berichtsjahres war der Absatz sehr beschränkt, und die i Umsätze blieben hinter denen der ungünstigen Vorjahre noch zurück.

Die Mode war der Verliner Fabrikation nicht günstig. Es zeigte sich wieder, daß Verlin mit seinen zahlreichen Arbeitskräften, welche zum größten Teil aus Handwebern be 15 stehen, nicht konkurrieren kann, wenn der Absatz auf das Inland beschränkt ist. Die Verliner Textilindustrie ist eben auf ein größeres Absatzgebiet zugeschnitten und angewiesen, und dieses wird ihr mehr und mehr verschlossen. 5o war denn auch das Exportgeschäft sehr unbedeutend, und außer England 2 ist kaum noch ein 3and zu nennen, welches unsere Fabrikate in größeren Quanten bezieht; aber auch für dieses 3and war die Mode nicht günstig.

Die Intelligenz der Verliner Fabrikanten und Weber brachte es sonst fertig, sich stets schnell und leicht dem Geschmack 25 des Auslandes anzupassen und daher mangelte es, solange wie die Zollschranken nicht hinderten, nie an Arbeit; man konnte, wenn die Verhältnisse ungünstig waren, auf den inländischen Markt verzichten, um sofort wieder einzugreifen, wenn diefe Fabrikate nutzbringend zu verwenden waren.

5 Jetzt sind die Produkte weder im Inlande nutzbringend abzusetzen, noch bleibt der Export, speciell nach den besonders aufnahmefähigen Vereinigten Staaten von Nordamerika, in früherer Höhe erhalten. Es wäre als eine Erlösung von schwerem Druck zu begrüßen, wenn durch günstige Handels 25 vertrage dem Exportgeschäfte wieder die Wege geebnet würden. Trotz der schlechten Geschäftslage verlangten die Verliner Weber Regulierung der löhne nach einer bestimmten Skala und Bezahlung der Nebenarbeiten und setzten ihre Forderung mit Hilfe des Gewerbegerichts durch, war man auch überall der Ansicht, daß das verlangen

berechtigt ist, und haben sich 5 die Fabrikanten auch in Anbetracht der Steigerung der Mietsund Nahrungsverhältnisse gefügt, so bedeutet diese Änderung doch eine Erschwerung, besonders infolge der nunmehr erforderlichen komplizierten Verechnung. Diese Erhöhung betrifft hauptsächlich die Fabrikanten von Shawls, Tüchern und , f)hantasiestoffen. In den anderen von Berliner Fabrikanten beschäftigten Vrten blieben die löhne, sowohl bei Tagelohn wie im Accordlohn im wesentlichen dieselben wie im Vorjahre; sie betrugen für Arbeiterinnen 8. 50—18 M., für männliche Arbeiter 14—45 M. pro Woche. ,5 In einzelnen Vetrieben mußten infolge der geringen Veschäftigung Verkürzungen der Arbeitszeit sowie Arbeiterentlassungen stattfinden.

Das gute Einvernehmen zwischen Arbeitgebern und Arbeitnehmern blieb während des Berichtsjahres ungestört.

18. Asnfektion für Damenbekleidung

Das deutsche Sommergeschäft hat durchaus nicht die Hoffnungen verwirklicht, welche man an dasselbe geknüpft hatte. Es hat sich wieder einmal gezeigt, wie abhängig der Vetrieb vom Wetter ist. Der Winter 1899/1900 dehnte sich bis tief in den Februar hinein aus; und da im März gewöhnlich das 5 Geschäft schon beinahe vorüber ist, mußten die Arbeitskräfte in unerwünschter Muße feiern. Unglücklicherweise hatte man sich durch die im Januar erteilten guten Grdres der Verlin besuchenden Kundschaft verleiten lassen, auf ziemlich gute Vestellungen anläßlich des zweiten Uundenbesuchs Hierselbst zu 3 rechnen und für große lager zu sorgen; diese fanden jetzt mangelnder Aauflust wegen vielfach nur zu Schleuderpreisen Absatz. Dazu kam, daß die Aunden an frischen Sachen nur sehr zD8 co'uxlKKci clu/x wenig Auswahl vorfanden, da niemand den Nut hatte, angesichts der vorhandenen großen 3ager Neuheiten zu fabrizieren. So zog sich das staue Geschäft bis Gstern hin. Erst nach dem Feste begann das Wetter besser zu werden, und mit ihm 5 der Detailverkauf, der jedoch bedaulicher weife um zwei bis drei Wochen zu spät einset-

zte.

Nach schwarzen Jacken, wie überhaupt schwarzen Sachen, war die Hauptnachfrage in diefer Saison; auch schwarze tililcr-M26e Uragen waren begehrt, weniger farbige. Tüll ,Aragen in allen längen verkauften sich namentlich zum (Ostergeschäfte. Auch ein neuer Artikel, ) lange Räder mit bunten Taffet-Eapuchons in vornehmlich grauen Stoffen kam in Aufnahme. Sack-Oaletots, Wilor-ma6e in glatten Tuchen undEovertcoats waren bei besserer Aundschaft beliebt. Capes ,5 wurden weniger verkauft. Aostüme, im übrigen ein großer Artikel, find schwer verkäuflich, weil die Detaillisten darin viele Größen, viele Farben und Nüster auf 3ager halten müssen, um einigermaßen assortiert zu sein.

Die Sommersaison zeigte wieder einmal, wie falsch es ist,

« große Vorräte auf Spekulation anfertigen zu lassen. Die Fabrikanten treffen fast stets schwere Verluste, während die Abnehmer nur auf die für sie so günstigen Umstände warten, um ihren Vedarf zu Schleuderpreisen zu decken. Durch diese Handhabung wird das reelle, nutzenbringende Geschäft ganz unter 25 graben, und es muß an diefer Stelle nochmals ernstlich geraten werden, in Zukunft vorsichtiger zu disponieren.

Die schlechte Frühjahr-und Sommer-Saison gab naturgemäß den Anstoß, auch den Veginn der Winter-Saison ungünstig zu gestalten; die Aäufer waren zurückhaltend und die 2Vrdres daher spärlich, was die Einzelheiten des WinterGeschäftes betrifft, so wurden anfangs bessere Sachen gekauft, während billige vernachlässigt waren; erst gegen Ende der Saison, von Mitte November an, stellte sich größerer Vedarf auch an billigen Artikeln ein. Da nun jeder, durch den Erfolg 35 der Sommer-Saison gewitzigt, vorsichtig disponiert hatte, trat eine Anappheit in einigen Artikeln ein, so daß noch im Dezemder große Quantitäten ganz billiger Ware gearbeitet werden mußten. Das Geschäft wurde infolge der geübten Vorsicht gesunder; denn die Abnehmer fanden nicht, wie sonst, große hosten vor, welche sie zu jedem beliebigen sireise hätten kau5 fen können.

Im allgemeinen war infolgedessen das deutsche Wintergeschäft mehr zufriedenstellend als im Vorjahre. Die Mode brachte einen kleinen Umschwung, insofern, als statt der sonst vielbegehrten kurzen Jacken sehr viel lange sialetots im Her in renschnitt verlangt wurden, leider ist zu konstatieren, daß sich die sogenannte Hochsaison kürzer gestaltete als in früheren Jahren. Die deutschen Aunden, welche nach Verlin zum Linkauf kommen, wollen sich in wenigen Tagen sortieren, so daß sich das Geschäft auf wenige Wochen zusammendrängt. Ls ,5 stellt dies bei der wechselnden Mode und den dadurch bedingten umfangreichen Dispositionen dem Fabrikanten eine schwierige Aufgabe, schon aus dem Grunde, daß die Arbeitskräfte der Ichneidermeister, 5ticker:c. nicht genügend vorbereitet sind; auch können diese auf die Dauer nicht gehalten werden, da sie, « außer in der Hochsaison, ziemlich still und brach liegen. Sodann ist die sogenannte Nachsaison nicht mehr von der früheren Bedeutung, insofern, als die lager von den Verliner Grofsisten zu billigen sireisen losgeschlagen werden, und deshalb für reguläre Ware reelle sireise nur schwer zu erzielen sind.

17. lväschefabrikatioi» -5 Die im allgemeinen gute Geschäftslage und der vorzügliche Ruf der Verliner Wäsche haben im verflossenen Jahre wieder das erfreuliche Resultat gezeigt, daß fast sämtliche, Fabrikationszweige dauernd, zum Teil sogar gut beschäftigt waren. Nur der 5chluß des Jahres brachte insofern eine kleine L»t

Zo täuschung, als das Ausbleiben jeglicher Aalte den verkauf wollener wäfche und sonstiger specieller Winterartikel beeinträchtigte. Ferner brachte die Entsendung von Truppen auf 2io (»ll-'KI.VI. K!UN den ostasiatischen Ariegsschauplatz den Geschäften, die sich mit Wäsche-Ausrüstungen für die Tropen befassen, recht flotten Absatz, Trotz der pariser weltaustellung und trotz des gerin. geren Reiseverkehrs ist doch der Absatz, besonders in besseren 5 Qualitäten, gut gewesen, ein Veweis

dafür, daß das große Publikum immer noch wert auf gute Ware legt. Das Absatzgebiet für die Verliner Wäsche-Industrie ist im Verichtsjahre auch dadurch vergrößert worden, daß staatliche, kommunale und private Arankenhäuscr, Sanatorien:c. in reichem Maße , entstanden sind, und diese Anstalten große Aufträge zu vergeben hatten.

Für die Wäschefabrikation sind nach wie vor baumwollene und leinene Stoffe verwendet worden, und zwar in ungefähr demselben Verhältnis wie früher.

15 Infolge der Steigerung der preise für Vaumwollwaren gingen in der Textilbranche derart große Aufträge ein, daß sie kaum bis Dezember 1900 effektuiert werden konnten. Dadurch wurde das Geschäft im ersten Semester ein sehr reges. INan konnte, da noch rechtzeitig billig eingekauft worden war, 1 wiederum sehr billig verkaufen. Inzwischen stieg jedoch Vaumwolle immer mehr, so daß im Januar 1900 für Rohkattun 19/18 19 Pf., für Rohnessel 16/16, 20/20 22 Pf. bezahlt wurden.

Der Verkehr mit dem Auslande war ziemlich rege; doch -5 litt das Exportgeschäft unter den politischen wirren und den ungünstigen Geldverhältnissen; auch erstarkt die ausländische Konkurrenz. Die Umsätze mit Amerika nehmen von Jahr zu Jahr ab; namentlich Südamerika, das früher ein sehr guter!Narkt war, geht uns jetzt infolge der dortigen hohen Lin 3 gangszölle und unglücklichen Währungsverhältnisse fast ganz verloren.

Außerdem wird die Vranche durch den unverhältnismäßig hohen Zoll, dem die Einfuhr des Leinens in Deutschland unterworfen ist, stark betroffen. Vis zum Jahre 1879 betrug 25 dieser Zoll 60 M. per 100 K., der dann bei der Einführung des neuen Tarifs verdoppelt, also auf 120 M., festgesetzt wurde. Der damals von deutschen Teinenwebereien gemachte Versuch, einen Ersatz für irisches deinen herzustellen, verlief resultatlos und erbrachte nur den Veweis, daß es in Deutschland bei ganz verschiedenen klimatischen Verhältnissen unmög s lich ist, ein dem irischen gle-

ichkommendes Temen hier zu produzieren. Angesichts des Umstandes, daß irisches Temen für die Wäschefabrikation unentbehrlich ist, dürfte wohl der Wunsch der Fabrikanten, den darauf lastenden Zoll endlich beseitigt zu sehen, ein durchaus berechtigter sein. Es ist zu .»hoffen, daß die zuständigen Vehörden, denen diese wünsche unterbreitet worden sind, deren Verücksichtigung bei der bevorstehenden Neugestaltung des inländischen Zolltarifs befürworten werden. Erwähnt fei noch, daß es schon im Interesse der großen Arbeiterzahl, in Verlin allein mehr als 50,000 .5 weibliche Personen, die die Wäscheindustrie beschäftigt, geboten erscheint, alle Hemmnisse, die deren Entfaltung beeinträchtigen, aus dem Wege zu räumen. Nur wenn dies geschieht, kann die Branche in die Tage versetzt werden, ihre erste Stellung, die sie sich mit großen Vpfern und durch langjährige 2 Vemühung errungen, auf dem Weltmarkte zu behaupten und der ausländischen Aonkurrenz erfolgreich zu begegnen.

Die preise für Teinengarne, die schon Ende 99 angezogen hatten, machten im Veginn des Jahres 1900 noch weitere Fortschritte. Man fühlte sich im Anfang versucht, anzuneh 25 men, daß die preise im Hochsommer wieder nachlassen würden, hatte sich aber geirrt. Die preise für Flachse erfuhren noch weitere Erhöhungen. Die Webereien konnten nur langsam nennenswerte Preiserhöhungen durchsetzen, und selbst heute ist es noch nicht allen gelungen, ihre Verkaufspreise mit 3 den hohen Forderungen der Spinnereien in Einklang zu bringen. Große Teinenwebereien sind gezwungen, ihren Betrieb einzustellen, und diejenigen, die auch nur zum Teil Handweber beschäftigen, sind dadurch in eine besonders mißliche Tage geraten. Sie hatten sich im Taufe der Zeit einen 35 Stamm von Arbeitern herangebildet und sind verpflichtet, diesem über die jetzige ungünstige Zeit hinwegzuhelfen.

18. Export von Manufatturlvaren nach überseeischen tündern

Die Erwartung, die sich an die Ausstellung in Paris knüpfte, in diesem

Jahr mehr überseeische Einkäufer als sonst in Verlin zu sehen, hat sich nicht erfüllt, vielfach wurden die Räufer durch den unregelmäßigen Gang der preise abge 5 schreckt, wolle fiel im preise staffelweise enorm; Vaumwolle machte erhebliche Preis-Schwankungen nach oben und unten durch; Flachs wurde sehr teuer; die preise von Seide waren mäßig.

In dem Geschäft von Manufaktur-Waren nach den Ver i einigten Staaten von Amerika, welches im Jahre 1899 einen erfreulichen Aufschwung genommen hatte, trat gleich zu Anfang des Jahres 1900 ein Rückgang ein, welcher sich im Taufe des Jahres mehr und mehr verschlimmerte und erst in den allerletzten Monaten einer geringeren Vesserung .5 für einzelne wenige Artikel Platz machte. Der Grund hierfür liegt darin, daß angesichts der im Jahre 1899 in Europa eingetretenen Preissteigerung, namentlich aller wollwarcn, auch die Abnehmer in Nordamerika sich sehr reichlich mit waren versorgt hatten. Als daher im Jahre 1900 das Ge 2« schüft in den Vereinigten Staaten, zum großen Teil auch durch die Unruhen der Präsidentenwahl beeinflußt, sich nicht so lebhaft entwickelte wie vielfach angenommen worden war, erwiesen sich die lager allenthalben als zu groß, sodaß Neu-Assortierungen derselben nur in sehr geringem Umfange nötig -z wurden. Für wollwaren trat noch der Grund hinzu, daß infolge der ungemein großen Steigerung des Preises des Rohprodukts verschiedene Qualitäten durch Vaumwolle oder Mischungen von Vaumwolle ersetzt worden waren; es war auch sehr schwer, dies wieder rückgängig zu machen, als die 3 preise für wolle wieder auf den mehr normalen Stand zurückgekehrt waren.

Im allgemeinen ist zu bemerken, daß der Absatz Deutschlands von Manufakturwaren nach den Vereinigten Staaten sich mehr und mehr auf einzelne specielle Artikel und Qualitäten beschränkt, da die Fabrikation im eigenen (ande immer weitere Fortschritte macht. Ls ist auch nicht zu erwarten, daß 5 in dieser Hinsicht ein Umschwung eintreten wird; im Gegenteil,

es muß damit gerechnet werden, daß auch diejenigen Artikel und Qualitäten, die heute noch nach den Vereinigten Staaten exportfähig sind, in absehbarer Zeit durch Fabrikate, welche im Tande selbst hergestellt werden, ersetzt werden.

1 Das Geschäft in Manufaktur-Waren nach den ( a f) Iata(ändern war sehr unbefriedigend, da die Märkte in VuenosAires und namentlich in Montevideo in früher nie gekannter weise mit waren überschwemmt wurden. Obgleich infolge der günstigen Ernte sowie namentlich auch infolge der Lr 5 zielung von enorm hohen wollpreisen diese (ander recht kaufkräftig waren, so konnten sie doch die enormen, ihnen zugeführten Quantitäten von waren nicht absorbieren, und es mußte ein bedeutender Teil derselben in das laufende Jahr hinübergenommen werden. Namentlich ist es Italien, wel 2 ches versucht, zu irgend welchen preisen und 'Konditionen einen Teil seiner Produktion auf diesen Märkten zu placieren; durch die für italienische Rechnung vorgenommenen Reali» sationen werden naturgemäß auch die Fabrikate aller anderen (ander in die engste Mitleidenschaft gezogen. 25 In der zweiten Hälfte des Jahres 1900 wurde die Kaufkraft Argentiniens durch den starken Vreisfall der Rohwolle geschwächt. Die stattgefundene Valutaregulierung, nach welcher 44 üents Gold für 100 Vapier gerechnet wurde, kommt den Importeuren zu gute, weil sie ihren Aalkula z tionen Stabilität verleiht. Da für das (and die Beruhigung mit den Grenzstaaten zugenommen hat, so steht ein lebhafter «Lrport für Deutschland in Aussicht, falls nicht etwa der frühere, oft gemachte Fehler, den zeitweiligen Vcdarf zu überschätzen, sich wiederholt, 25 Vie Ausfuhr deutscher Manufakturwaren nach Uruguay hat anscheinend eine Zunahme erfahren, obsckon eine gerin gere wollausfuhr bei schlechteren Erlösen auf das Gegenteil schließen ließ.

In Ehile war das Geschäft im Jahre 1900 durchweg befriedigend, doch mußte auch für dieses land am Ende des 5 Jahres schon eine starke Übereinfuhr

konstatiert werden; dieselbe scheint nach den Ausweisen aus den europäischen Häfen noch immer größere Dimensionen anzunehmen, fo daß es wohl nicht lange dauern wird, bis auch aus diesem 3and ähnliche schwere Alagen kommen wie in den letzten Monaten aus den , 3a Olata-3ändern. Es kommt hinzu, daß in den letzten Monaten dem Geschäft in Ehile vielfach das rechte Vertrauen gefehlt hat, da manche Areife fürchten, daß die Regierung die in Angriff genommene Aonversion nicht durchführen würde, und daß dadurch von neuem große Aurs-2chwankungen herbeige -, führt werden könnten. Im Verichtsjahre war der Aurs mit geringen Ausnahmen stabil.

In Peru und Bolivien war das Geschäft in Manufaktur-Waren ein normales und durchweg befriedigendes; jedoch erscheinen auch diese Länder jetzt von einer Überfüllung - mit Einfuhrwaren bedroht.

Vrafilien. Eine Vesserung in den Verhältnissen ist nicht nur nicht eingetreten; es muß vielmehr von einem Rückgang unserer Ausfuhr gesprochen werden.

Die Aaffee-Ernte war gut. Die Fabrikation im Inlande -z hat weitere Fortschritte gemacht; es ist daher zu befürchten, daß die Einbuße Deutschlands dauernd sein könnte, von größter Wichtigkeit war eine weitere Erhöhung der Zollgebühren, welche 75/6 der Zölle in Papier und 25 in Gold betragen. Es ist dies gewissermaßen ein Ausgleich der Wechselkurse von 7 6 gegen den jetzigen von ca. 10 bis 12 6, Die Regierung hat die Umlaufsmittel in zu weit gehender weise und zu schnell beschränkt, um den Wechselkurs zu heben. Dieses Experiment war auf die Dauer nicht durchzuführen, und die N2ncc 6a Kepublica konnte sich, da sie an der Spitze

Z5 der Aursbewegung stand, nicht behaupten.

Zwei neue Erschwerungen der Einfuhr hat die Regierung angeordnet: 1. die Einführung von legalisierten Zollfakturen nach den: Vorbilde der Vereinigten Staaten von Nord-Amerika, und 2. das verbot von Waren-Ltiketten mit portugiesischen Inschriften.

5 Im Staate j) arä haben sich die dort seit einigen Jahren herrschenden brillanten Verhältnisse in Folge des Rückganges des Artikels Gummi verschlechtert: es sind in dem Staate manche Falliments eingetreten, die auch Verlin berühren.

Mexiko. Die politische Sicherheit, die sich am besten da .c, rin zeigte, daß der besonnene und erprobte General storfirio Diaz wieder zum Präsidenten gewählt wurde, wie auch die ehrliche Verwaltung des Landes führten zu einem normalen und gleichmäßig fortschreitenden angenehmen Geschäfte. Hiesige Häuser lassen in richtiger Würdigung dieser Sachlage das .5 land bereisen und erzielen sehr gute Erfolge. Es zeigt sich der Segen der Ordnung auch in den prompten Zahlungen. Deutschland hat dort zwei Faktoren zu fürchten: erstens die sich sehr entwickelnde Textilindustrie des Tandes und zweitens die Konkurrenz der Vereinigten Staaten von, Amerika.

2 Line Zunahme unserer Ausfuhr nach Australien ist unverkennbar. Auch dieses land hat unter dem Rückgang der wollpreise zu leiden gehabt. Infolge der Verwirklichung der „Föderation" wird eine freiere Bewegung im Austausch zwischen den einzelnen Aolonien stattfinden können. 25 Die bisher festgesetzten Zölle behalten noch für zwei Jahre ihre Gültigkeit; dann soll ein gemeinsamer Zolltarif in Araft treten, der den Handel zwischen den einzelnen Aolonien nicht mit weiteren Zöllen belastet. Möglicherweise wird dann auch eine Reihe von bisher importierten Artikeln im lande selbst 3« erzeugt werden.

Südafrika. Der anhaltende Arieg hat einen höchst nachteiligen Einfluß auf unsere Ausfuhr ausgeübt, da weite Gegenden, in denen unsere besten Abnehmer lebten, an jeder Einfuhr gehindert sind. In der Erwartung eines baldigen

« Friedensschlusses sind wohl ziemliche Mengen von Gütern auf den weg gebracht worden, die, soweit es sich um occupierte 216 »(Mliuinci.vi, c!iix Gebiete handelt, in den Eingang-

shäfen liegen bleiben mußten, zumal alle Transportmittel für Ariegszwecke in Anspruch genommen waren.

Es ist vorauszusehen, daß die Beendigung des Arieges 5 zu sehr erheblichen Umsätzen führen wird, da in Transvaal wie im (Vranje-Freistaat Vorräte nicht vorhanden sind. Der portugiesische Teil Afrikas, welcher Transvaal zunächst liegt, hatte einen großen Vedarf. Vei der England-freundlichen Haltung der Portugiesen fanden die für den Handel mit i Transvaal bestimmten waren keine Beförderung. Unter diesen Umständen hatten viele deutsche Exporteure schwere Vpfer zu bringen.

In Indien hat die Oest abgenommen, doch ist das Geschäft dorthin kleiner geworden. Es fehlt an Zirkulations 15 Mitteln, so daß Vorsicht bei der Ausführung von Aufträgen geboten ist.

Die Handelsbeziehungen zu der Türkei, zu Ägypten und zur ganzen Levante haben eher einen Rückgang als eine Steigerung erfahren, namentlich in der Wollwarenbranche; 2« besser war der Verkehr in den Erzeugnissen der Vaumwollindustrie. Ägypten litt unter einer geringen Ernte von Vaumwolle. Die Zahl der Deutschland besuchenden Aäufer aus diesen Ländern wächst zusehends, beider erhalten auch recht viel unwürdige Elemente auf Empfehlung zweifelhafter 25 Agenten Aredit. Der Verkehr mit Rumänien konnte sich im Jahre 190c» nicht heben. Die Exporteure hatten im Jahre 1899 zu traurige Erfahrungen gemacht; eine Veruhigung in den Geldverhältniffen ist noch nicht eingetreten.

IN. Seidenhüte

Die Ulode ist der Seidenhutmacherei auch im verflossenen Jahre äußerst günstig geblieben, und es ist zu konstatieren, daß die Nachfrage nach besseren bis feinen Qualitäten immer reger wird. In Verlin wird der Artikel in weit mannigfacherer Formen-Auswahl fabriziert als in Wien, j)aris oder London; auch steht derselbe qualitativ dem ausländischen Fabrikat völlig ebenbürtig zur Seite. Der Import von österreichischen, französischen oder englischen Seidenhüten wird daher 3 meist auf ein Minimum beschränkt; denn der Aäufer er-

hält bei gleichem preise eine qualitativ bei weitem vorteilhaftere Ware, wenn er das einheimische Fabrikat kauft. Ein im letzten Jahre von Hamburger Importeuren gemachter Versuch, amerikanische Seidenhüte bei den hiesigen Vetaillisten einzu .«führen, hat nicht viel Erfolg gehabt und wird wegen der hohen 5pefcn, die der Transport des voluminösen Artikels verursacht, wohl stets bedeutungslos bleiben.

Zu bedauern ist der Mangel an Nachwuchs einer tüchti» gen Arbeiterschaft. Vie Seidenhutmacherei wird immer ein ,5 „Handwerk" bleiben, da die Technik ihr bisher so gut wie keine Hilfe bietet. Die Arbeitslöhne sind daher, auch speciell in Verlin, ganz außerordentlich hohe, sodaß dem fleißigen und talentvollen Arbeiter eine sorgenfreie Existenz geboten ist.

2o. schuhwaren Fabrikation

Veeinflußt durch den besseren vorjährigen Geschäftsgang war der Umsatz in der Schuhfabrikation für die erste Hälfte des Jahres gut. Vie allgemeine wirtschaftliche tage übte auch auf den Absatz im Schuhhandel günstigen Einfluß aus, so konnten, entsprechend den erhöhten Notierungen für Rol -5 Materialien, auch höhere preise erzielt werden.

Mit Sommer-Aufträgen waren die Fabriken vollauf beschäftigt; es wäre hier im allgemeinen ein recht zufriedenstellendes Resultat zu verzeichnen gewesen, wenn nicht unter dem Einfluß der ungünstigen Witterung der Umsatz in brau 2nen lederschuhwaren gelitten hätte; wen» auch dadurch verhältnismäßig beträchtliche Quantitäten brauner Schuhwaren unverkauft blieben, so glaubt man doch, daß die braunen 218 c»ikl5k2i c-l)ii!

Schuhwaren vorerst ihren Olatz auf dem Markte behaupten werden.

In der vergangenen 5aison sind auch weiße Lederschuhe und ötiefel in größerem Umfange gekauft worden; nach den 5 z. Zt. vorliegenden Frühjahrsabschlüssen läßt sich annehmen, daß dies in der kommenden Raison noch mehr der Fall fein wird.

Die eingeführten amerikanischen Maschinen haben sich gut bewährt;

einige neue Hilfsmaschinen sind hinzugekommen und haben die Handarbeit weiter zurückgedrängt.

Das Geschäft in Vallschuhen entwickelte sich weiter günstig. Aus Österreich und Vöhmen sind noch mehr Arbeiter übergesiedelt, welche die Herstellung dieses Artikels als Hausarbeit betreiben. Die wechselnde Mode und das allgemein 15 steigende luxusbedürfnis begünstigen den Abfatz und verhindern die Ansammlung von Vorräten.

Die Aonkurrenz des ausländischen Fabrikates machte sich weniger bemerkbar; so fand österreichische Ware, angesichts der bedeutenden Fortschritte unserer einheimischen Industrie, 2« bei dem kaufenden Publikum geringere Beachtung. Amerikanische Importe sind im Abnehmen begriffen.

Filzschuhe. Für den Herbst und Winter lagen schon frühzeitig umfangreiche Vrdres vor, sodaß die Fabriken sehr stark beschäftigt waren und der Nachfrage kaum genügen konnten.-5 Zu Veginn der Saison ließ sich auch ein recht lebhafter Ver» kehr verzeichnen, dann aber liefen infolge der milden Witterung in den Monaten November und Dezember die Nachordres spärlicher ein, und die Umsätze blieben hinter den Erwartungen zurück. Die 3ager sind demzufolge noch nicht geräumt.

21 Möbelfabrikatisn 1 Eine hiesige Fabrik berichtet:

Das Geschäftsjahr,90c» begann sehr gut. Ls lagen reichlich Vestellungen vor, und die Möbeltischlerei schien einen Aufschwung nehmen zu wollen, wie er seit einem Jahrzehnt nicht dagewesen war. Infolgedessen waren die Arbeiter, besonders tüchtige, sehr knapp. Die Ansprüche derselben erhöhten sich infolgedessen, was zu einem allgemeinen Strike führte, der ca. 5) Wochen lang sämtliche Verliner Möbelbetriebe 5 lahm legte. Es wurde allgemein anerkannt, daß die Forderungen der Tischler nicht gerechtfertigt seien, und dieser Umstand sowohl als auch der, daß die Meister sich schon lange nicht mehr als Herr in ihrer Werkstatt fühlten, führte dazu, daß sie sich mit Einmütigkeit zusammenschlössen und

mit großer Aus idauer und Veharrlichkeit bei dem Entschluß, den Arbeitern jede Zulage zu verweigern, aushielten. Dies führte auch zu den: gewünschten Erfolge. Die Tischler fingen nach und nach in einzelnen Vetrieben wieder an zu arbeiten, und zwar zu den alten Vedingungen.

15 Vis Ende September hielt die Hochflut der Aufträge an; von da ab war ein ganz merklicher Rückschlag zu erkennen. Der Oktober brachte nicht den gewünschten Umsatz, und große Zpecial-Vetriebe, die im Sommer auf Vorrat gearbeitet hatten, hatten Not, ihre Erzeugnisse unterzubringen. Dieser 2 Rückschlag war in Verlin sowohl als auch außerhalb Verlins in Deutschland deutlich fühlbar, was für die einzelnen Vetriebe um fo unangenehmer sich bemerkbar machte, als Verlin Produzent für eine große Anzahl auswärtiger Möbelfirmen ist. Die lieferung von Möbeln Verlins in Deutschland hat in 25 den letzten Jahren ganz bedeutende Dimensionen angenommen, und man darf wohl behaupten, daß der Export nach überseeischen Ländern gegen das, was Verlin in die Provinzen liefert, fast ganz verschwindet.

Der Tapezierstrike war eine weitere Unannehmlichkeit.

3 In diesem Falle waren die Meister geneigt, den beanspruchten lohnaufschlag von 10 zu bewilligen, und zwar in Vcrücksichtigung des Umstandes, daß Tapezierarbeit Saisonarbeit ist und viele Gehilfen thatsächlich im Jahre nur 6 Monate Arbeit haben, in der übrigen Zeit hingegen feiern müssen. 35 Der Zusammenschluß der Meister war auch nicht besonders fest, und so kam es, daß die Vetriebe, wo das ganze Jahr über 220 OOKMKKII. !KK«ä,I1 die Tapeziere ebensogut wie die Tischler Arbeit fanden, sich auch zur Zulage von ic56 entschließen mußten. Durch diesen Aufschlag stehen sich heute die letztgedachten Tapeziere bedeutend besser als die Tischler. 5 § 616 des Bürgerlichen Gesetzbuches rief gegen Ende des Jahres 1900 eine Veunruhigung der Meister hervor insofern, als nach ihm der Arbeitgeber gebunden ist, dem Gehilfen, der durch irgend einen in seiner

Person liegenden Grund an der Arbeit verhindert ist, dennoch den lohn zu zahlen, öo sind 1 Fälle dagewesen, daß Arbeiter, die eine Accordarbeit in Händen hatten und während des Accords erkrankten, nach Fertigstellung derselben lohn beanspruchten. Auch wurde in meinem Vetriebe von feiten einiger Arbeiter darauf hingewiesen, daß sie die Zeit zwischen Weihnachten und Neusahr, wo mein 15 Vetrieb stillstand, eigentlich bezahlt erhalten müßten. Diesem Anspruch ist von feiten der Arbeiter kein besonderer Nachdruck deswegen gegeben worden, weil die Arbeit im allgemeinen knapp war. Im gegenteiligen Falle hätte unbedingt bezahlt werden müssen. Durch Sonderverträge bei Einstellung der 2 Gehilfen wäre dem vorzubeugen, doch ist es niciit ausgeschlossen, daß hieraus ein allgemeiner Strike sich entwickelt.

Der Innungszwang wird auch von vielen größeren und kleineren Special-Tischlereien unangenehm empfunden. Die Tapezier-Innung stellte die Anforderung, daß ich mit mei 25 nem ganzen Vetriebe in die Zwangsinnung eintrete und sogar mein kaufmännisches Personal, das aus 28 Personen besteht, bei der Innung anmelde. Hiervon nahm aber der Vorstand schließlich Abstand.

Der Zusammenschluß der Tischlermeister beim Strike 2 brachte, trotzdem der Strike erfolglos für die Gesellen verlaufen war, einen allgemeinen Aufschlag auf die preise von 5; dieser Aufschlag ist wohl als gerechtfertigt anzuerkennen, da sämtliche Rohmaterialien teurer geworden sind. Die Erhöhung ist von dem kaufenden Publikum kaum bemerkt worden; die 35 höheren Preise wurden anstandslos bezahlt. Da gegen Ende des Jahres die Arbeit knapper wurde, wurde von einzelnen Betrieben dieser Aufschlag fallen gelassen und zu den alten preisen der ötapelartikel wieder geliefert.

Der neue 5til wird weiter ausgebaut, und es ist wohl kaum eine Frage, daß derselbe allgemein werden wird. Ganz billige, 5 einfache Lachen, mit modernen Verzierungen versehen, werden schon heute sehr bevorzugt. In der That ist auch dieser Stil außerordentlich vielseitig und ausbildungsfähig, ganz besonders, wenn man Maß darin hält. Er ist ganz dazu geeignet, die Einförmigkeit, die in der Ausstattung von Wohnungen , bisher geherrscht hat, zu durchbrechen und individuellen wünschen des Publikums Rechnung zu tragen.

Die pariser Weltausstellung hat nach meinen Beobachtungen so gut wie gar keinen Einfluß auf die Verliner Möbelindustrie ausgeübt. Es war von den Franzosen nichts zu 15 lernen, sie haben durchweg ihr altes Genre beibehalten, und was von Deutschen, Österreichern lc. geboten war, hatte für die Wohnungseinrichtungen der Mittelklassen, auf die sich mein Vericht erstreckt, also Einrichtungen in der Preislage von ca. 2000—6000 M., wenig Einfluß, weil das dort Ausgestellte im neuen 2til so eigenartig war, daß man bei dem großen Publikum wenig Verständnis dafür fand. Das eine hat die Ausstellung dargethan, daß wir uns mit dem neuen 2til nicht auf falschen wegen befinden. Alle ausstellenden Völker haben sich an diesem ötil versucht, jeder allerdings nach 25 seiner Geschmacksrichtung.

Die Verwendung der Holzarten für die einzelnen Zimmer hat sich gegen das Jahr 1899 nicht geändert. Vei billigen Nußbaum-Sachen, die früher blank waren, dann seit ca, zehn Jahren matt und blank, verschwinden auch jetzt noch die letz 3 ten blanken Teile allmählich, und man wendet sich der Herstellung gänzlich matter Möbel zu.

Veim Weihnachtsverkauf schien es, als ob der Einfluß der Warenhäuser sich schon bemerkbar machte. Trotzdem ich in meinem Geschäfte für Inserate mehr ausgegeben hatte als in 35 früheren Jahren, so wurden doch kleinere Gegenstände, als Tischchen, Säulen, Aonsolbretter:c. weniger gekauft.

2 22 cMMRK2I LKKKIN was die Möbelstoffe anbetrifft, so haben sich die Muster, die die deutschen Fabrikanten herstellen, ganz erheblich gebessert; von dem mittleren und besseren Publikum werden ganz entschieden Stoffe bevorzugt, die der neuen Richtung angepaßt 5 sind. Hierdurch werden die französischen Sachen mehr und mehr vom Markte verdrängt. Die Franzosen bleiben bei ihren altbekannten Mustern und finden dafür kein Publikum. Es kommt hinzu, daß die Elberfelder Fabrikanten eine ebenso gute Qualität liefern, die vielleicht sogar billiger ist, als die i französische.

Ein Übelstand muß noch hervorgehoben werden, und zwar der, daß sich einzelne ganz bedeutende Fabrikanten gegenseitig mit streifen unterbieten, leider auf Aostcn der Qualität. Dieser Mißstand ist von Möbel-Häusern, die sich bestreben, ihren 15 Aunden nicht allein billige, sondern auch gute Ware zu liefern, unangenehm empfunden worden.

Tüchtige kunstgewerbliche Zeichner sind noch immer knapp und werden voraussichtlich auch noch knapp bleiben, weil sie einerseits nicht so rasch heranzubilden sind, andererseits der

« sich allgemein hebende Geschmack des kaufenden Publikums von den Produzenten gebieterisch fordert, daß sie für gute Muster Sorge tragen und hierdurch gezwungen sind, die Zahl ihrer tüchtigen zeichnerischen Aräfte zu vermehren.

Der Import ausländischer Möbel spielt im allgemeinen -steine bedeutende Rolle. Stühle, kleine Ziermöbel, kommen aus England und Amerika zu uns. Aus letzterem 3ande werden hin und wieder Schreibtische und Emptoirutensilien bezogen. Es hat aber den Anschein, als ob der Import billiger amerikanischer Stühle zunimmt. Englische Messingbett , stellen sind ziemlich gefragt; doch hat die deutsche Industrie die Fabrikation in den ganz gleichen Formen aufgenommen und kann erfolgreich gegen die englische Konkurrenz ankämpfen, wie in Frankreich und England, so scheint sich auch in Deutschland die Mode für Metallbettstellen einbürgern zu 35 wollen.

22, Mechanische Musikinstrumente

Die Fabrikation von Drehorgeln und Grchestrions war bisher in Verlin in großer Vlüte, und zwar wurden nur erstklassige Instrumente angefertigt, leider ist der Absatz immer geringer geworden. Im Inland waren die Ichausteller, 5 Aarussel-Vesitzer etc. die Hauptbesteller größerer Instrumente, der Schaustellerstand ist aber jetzt in bedeutendem Rückgang begriffen, und es ist die Zeit nicht mehr allzu fern, wo derselbe in Deutschland nahezu erloschen sein wird. Die Behörden legen diesen Unternehmungen Schwierigkeiten in den weg, 1 man bezeichnet oft schon eine große Drehorgel als störend für benachbarte Wohnhäuser etc. und ohne Musik, die animierend wirkt, gehen solche Geschäfte zu Grunde, deren Reiz so wie so verblichen ist. In bedeutendem Maße wird durch den Rückgang des Schaustellerstandes die Grgel-Fabrikation be» 5 troffen; der Absatz derselben besteht fast nur noch in billiger Ware, in kleineren Instrumenten zu unlohnendcn preisen, bei denen noch mit langsamer Regulierung zu rechnen ist. Auch die Anzahl der Drehorgelspieler, welche in früheren Jahrzehnten für die Fabriken reichliche und lohnende Beschäftigung gaben, wird durch die Behörden nach Möglichkeit reduziert, indem diese Art des Verdienens fast ausschließlich Greisen und Arüppeln gestattet wird; bei diesen beuten ist aber die Musik nicht von derartigem Einfluß auf den Verdinst wie früher bei den taufenden junger Italiener etc., welche 25 auch größere Einnahmen hatten und bessere Instrumente zu ziemlich guten streifen kauften.

Der Export war ebenfalls ganz gering. In den Vereinigten Staaten von Amerika werden die Vrgeln nach deutschen und französischen Modellen gebaut; die Güte der Instrumente 3 ist zwar der deutschen nicht vergleichbar, die Herstellung ist aber billiger; außerdem macht der Zoll von 45 des wertes den Import fast unmöglich. Die Aufträge auf Grgeln wurden auf Typen beschränkt, in denen die Vreise so gedrückt waren, daß das Arbeiten schließlich unlohnend wurde.

Der früher große Export nach Mexico ist fast vollständig erloschen, auch hierbei macht sich die Aonkurrenz der nordamerikanischen großen Firmen äußerst fühlbar. Ver Export nach Rußland und den übrigen hauptsächlichen Uonsumlän 5 dern war ganz unbedeutend.

was die Vrchestrions betrifft, so dienten diese speziell Gastwirtschaften als Ersatz einer Uapelle. Der Geschmack des Publikums ist aber ein anderer geworden; wirklich gute (vrchestrions stellen sich hoch im sireise, und die billigeren sind i beim Publikum nicht beliebt.

Auch in billigen, auf Geldeinwurf automatisch spielenden Musikinstrumenten hat der Absatz sehr nachgelassen. Der Hauptfabrikationsort derartiger Instrumente ist Leipzig; in wenigen Jahren erreichte diese Industrie einen bedeutenden 15 Aufschwung, ebenso schnell trat aber der Rückgang ein. Das Publikum wurde dieser meist im Spieldosen-Eharakter gehaltenen Klangfarbe schnell überdrüssig, große Variationen sind nicht möglich, der Export ist auch nicht bedeutend, und daher geht dieser Industriezweig andauernd rückwärts.

2 Vagegen ist von der Fabrikation von Vrchester-siianos erfreuliches zu melden. Diejenige Fabrik, welche diese Instrumente erfunden hat und 189z zuerst auf den Markt brachte, hat die Instrumente bis zu einer Vollkommenheit gebracht, welche dasjenige weit überschreitet, was man früher für erreich 5 bar gehalten hatte. In der Fabrikation dieser Instrumente, die jetzt mehrfach nachgeahmt werden, kann man immer noch Verlin als tonangebend bezeichnen, Die in Vetracht kommenden Fabriken sind auch bedeutend gewachsen und erzielen bei gutem Absatz lohnenden Nutzen; die allgemeinen sireis 3 steigerungen machten ein Erhöhen der Grundpreise allerdings stellenweise nötig, die Verechtigung dieser Erhöhung wurde seitens der Uäufer anerkannt, und die Erhöhung stieß auf keine Schwierigkeiten. 2I. Spielwaren.

Im allgemeinen sind im Verichtsjahre die Umsätze in der SpielwarenVranche auf gleicher Höhe wie in den vergangenen Jahren geblieben.

Infolge der großen Anstrengungen, die die Warenhäuser -gerade zu der Hauptgeschäftszeit gemacht haben, sind bei den Specialhändlern billige Vlechsachen, billige Bilderbücher etc. wenig gekauft worden.

Das Publikum gewöhnt sich leider daran, in Vilderbüchern und Gesellschaftsspielen ganz billige Sachen zu kaufen, ohne 1 zu bedenken, daß dadurch der Geschmack der Ainder verdorben wird.

In großen Theatern, großen Fellpferden, Puppenstuben und stubenmöbeln lag fehr erheblicher Vedarf vor. — In Soldaten gingen ausschließlich, außer Nachbildungen des deut ,z scheu Heeres und der deutschen Flotte, Voers und Engländer, sowie Typen aus dem Chinesischen Ariege. In «Lisenbahnartikeln war infolge vieler Neuheiten das Geschäft recht lebhaft. Unangezogene puppen in größeren Nummern und besseren Qualitäten waren nicht genügend zu haben; auch 2 wurden in den größeren Geschäften angezogene stuppen im streife von 50—100 M. in der Weihnachtszeit täglich verlangt. In Uochherden, Aüchengegenständen für Ainder, Vaukästen, Speichern, Nlilitär-Ausrüstungen war ansehnlicher Vedarf vorhanden.

25 Im Herbst liefen bei den Fabrikanten namentlich in Sachsen (Grünhainichen, (NIbernhau» uud in Thüringen (Waltershause») große Nachbestellungen ein, sodaß sie ihren Verpflichtungen kaum nachkommen konnten. Allseitig wurde über sehr fühlbaren Nlangel an Arbeitskräften geklagt. Im 3« allgemeinen werden feinere Artikel in den Hintergrund gedrängt, da der Vegehr an marktgängiger Ware durch die Warenhäuser sehr groß geworden ist. 24. Seekabel sticht nur der Arieg der Engländer gegen die Voers hat die große Vedeutung der Seekabel ins helle 3icht gerückt, sondern auch der Aufstand in Thina hat alle gebildeten Areise, denen bisher die Untersee-Telegraphen eine ziemlich gleichgül 5 tige 5ache waren, davon überzeugt, wie klug die Engländer gehandelt haben, indem sie sich rechtzeitig, wenn auch mit großen Vpfern, die Unterseelinien nach allen Ländern gesichert haben, wie England zum Erstaunen ganz Europas den telegraphischen Verkehr mit Südafrika kurzer Hand unterbun den und selbst Staatsdepeschen der Eensur unterworfen hat, fo steht man heute wieder vor

der Thatsache, den ganzen telegraphischen Verkehr nach den Aüstenftädten Ehinas von dem guten willen Englands abhängig zu sehen. — Abgesehen von der indo-chinesischen und der tonkinesisch-chine .5 fischen Tandlinie, die bei kriegerischen Verwickelungen wenig berücksichtigt werden können, kommt nur das Aabel Aap 5t. Iaques-Hongkong und das Aabel Singapore-CabuanHongkong in Vetracht. Von Hongkong aus besteht die weitere Acibelverbindung nach Shanghai, während nach den 2 neuesten Verichten der transsibirische Telegraph von Vort Arthur aus unterbrochen oder wenigstens gefährdet fein soll. Die Worttaxe über diese Aabel beträgt 5,75 M.; dann über die indo-chinesische Handlinie 8 2,N. und über die tonkinesifche Handlinie 8,90 U7. — Ulit diesen beiden Aabel 25 linien beherrschen die Engländer selbstverständlich den ganzen telegraphischen Verkehr nach Thina; sie befördern in erster 3inie ihre eigenen Telegramme und haben nebenbei einen großen finanziellen Erfolg, da die Aabelleitungen nicht soviel Telegramme befördern können, als täglich aufgegeben werden. Es ist deshalb erklärlich, wenn gemeldet wird, daß immer Hunderte von Telegrammen auf den Kabelleitungen im Rückstande sind. Die Notwendigkeit einer Coslösung von der Bevormundung Englands auf dem Gebiete der unter 3 feeischen Uabelherrschaft ist durch diese Vorkommnisse wieder deutlich bewiesen und das Vedürfnis nach eigenen Verbindungen mit den wichtigsten deutschen Interessengebieten macht sich immer mehr fühlbar. Heute werden die Meere von etwa 1460 Seekabeln mit rund 320,000 Km. Gesamtlänge durchzo .»gen, von denen 240,000 unter Englands Kontrolle stehen, längst hat man im Verliner Aolonialamte die 3ücke erkannt, und bereits am 9. November vorigen Jahres ist der erste deutsche Uabeldampfer vom Stapel gelaufen, um das erste deutsche Aabel zwischen Deutschland und Nordamerika zu le .Z gen. Deutschland hat aber noch andere Interessen im Auslande. In Südamerika sind viele Hunderte Millionen deutschen Geldes

in Eisenbahnen, Industrie-Anlagen, Plantagen-Unternehmungen und Vanken angelegt, und der deutsche Schiffsverkehr mit Südamerika befindet sich in großem - Aufschwünge. Nicht minder wichtig ist eine Aabelverbindung mit Afrika, wo Deutschland seine bedeutendsten Kolonien hat, und (Mafien ist nunmehr ebenfalls zu einem der wichtigsten Interessengebiete für Deutschland geworden. Man muß sich nun immer vor Augen halten, daß Deutschland nur so lange -5 mit dem Auslande und seinen Besitzungen in telegraphischen Verkehr treten kann, wie es England gefällt. Die telegraphische Nachrichtenübermittelung spielt aber im heutige» Weltverkehr eine ganz hervorragende Rolle und ist geignet, die politischen Ziele eines Landes wesentlich zu fördern; außerdem bilden 3 die Aabel auch eine gute Aapitalanlage. In Deutschland hat man in neuerer Zeit zwar die Notwendigkeit erkannt, eigene und unabhängige telegraphische Seeverbindungen mit dem Auslande zu besitzen; aber es ist auch notwendig, daß diese Ideen in immer weitere Volkskreise dringen, bannt Deutsch 35 land, seiner Stellung als Weltmacht entsprechend, nicht nur eine starke Flotte, sondern auch die nötigen Seekabel erhalte. Das 2 28 (c»ii5Kii. cK». in Kabeln festgelegte Kapital dient dem Volke und seinen Interessen praktisch vom ersten Augenblick an; es ist ein lebendiges, die Einnahmen des Reiches vermehrendes Kapital. 2Z. Über moderne Schnellzüge
Ein interessantes Schnellzugprojekt soll demnächst in Eng 5 land zur Ausführung gelangen. Es handelt sich um die Verbindung der beiden Städte Liverpool und Manchester, welche 42 Km. voneinander entfernt liegen und die bereits durch einen künstlichen Kanal von ganz bedeutender Vreite verbunden sind. Vie Engländer sind der Ansicht, daß, wenn man 1 von einer Stadt zur andern in kaum Stunde befördert wird, diefe Cime einen ganz bedeutenden Verkehr aufweisen würde, unabhängig von dem preise, welcher für diese Zeitersparnis zu entrichten wäre. Ein solcher Zug müßte die Strecke mit

einer stündlichen Geschwindigkeit von 24« Km. zurücklegen.
15 Line derartige Geschwindigkeit läßt sich nur mit Hilfe der Elektrizität erzielen. Vas gegenwärtige Projekt entspringt einem früheren Entwurf von Ganz und Ziwpenowski aus dem Jahre 1891 und soll in kurzer Zeit verwirlicht werden. Die Eigentümlichkeit dieser elektrischen Eisenbahn besteht da 2 rin, daß dieselbe drei Schienenstränge besitzt. Vie etwas erhöhte Mittelschiene ist einem Entwurf des französischen Ingenieurs artige entlehnt und vermittelt die Stromabnahme durch einen kleinen wagen, welcher längs dieser Schiene gleitet. Der wagen besitzt die bekannte Eigarrenform. Im Innern des Wagens 2z sind icO Sitzplätze in vier Reihen angeordnet und zwar zwei längs der Mittelschiene, zwei andere Reihen längs der Seitenschienen. Vie wagen werden nur einzeln abgelassen und zwar in Intervallen von zwei bis drei Minuten. Dies repräsentiert einen Verkehr von 2000 bis 250c, Reisenden per Stunde ‚.. in einer Fahrrichtung. Vie elektrische Uraftstation wird in Warrington im gleichen Abstände von beiden Städten errichtet. Es kann sich natürlich nur um eine Hochbahn handeln, denn nur eine solche vermag all unseren Verkehrsmitteln ohne Aufenthalt und Störung auszuweichen. Das Projekt, dessen Ausführung Zz Millionen Franken kosten soll, ist von seiner Verwirklichung nicht so weit entfernt, wie man glauben dürfte. 5 Auf der Vrüsseler Ausstellung fuhr ein elektrischer wagen auf einem Geleise ähnlicher Aonstruktion, das elyptisch angelegt war, mit einer Geschwindigkeit von 100 Km, pro Stunde auf den Vogen mit kleinem Urümmungsradius und mit 125 Km, Geschwindigkeit auf den Vogen mit großem Arümmungs radius. Diese Geschwindigkeiten waren nur beschränkt durch die Uurven der Strecke und durch die zur Verfügung stehende Araft. Man wird offenbar bald größere Geschwindigkeiten erreichen. So wird man Frankreich in seiner größten Ausdehnung von Dünnkirchen bis Verpignan in 5 Stunden durch ‚5

queren oder den Äquator in 24 Stunden zurücklegen, sodaß wenn sich der Zug in der der Rotation der Erde entgegengesetzten Richtung in Vewegung setzt und wenn man die Drehung der 3rde um die Sonne vernachlässigt, der Reisende im Raum unbeweglich bleibt. «Line merkwürdige Folge dieses » Umstandes wäre, daß sich dieser Reisende mit einer unendlichen Geschwindigkeit bewegt hätte, da er an jedem Punkt seiner Reise dieselbe Zeit antreffen würde, sodaß die Zeit seiner Abfahrt auch die Zeit der Ankunft wäre. Ls wäre sehr wünschenswert, daß die jetzigen Verhältnisse in England die 25 Ausführung des fraglichen Vahn-Projektes nicht verzögerten. (Mitgeteilt vom Patentbureau H. 6c w. pataky, Verlin).
26, Über die Elberfelder Schwebebahn, welche im August eröffnet wird, schreibt man uns, daß die durchschnitliche Geschwindigkeit 50 km, in der Stunde erreicht. In den ersten Wochen, gewissermaßen einer Probezeit, darf jedoch nur mit zc» Km, gefahren werden, bis die Agl. Lisen2 bahndirektion ihre Erlaubnis giebt. Die Durchschnittsgeschwindigkeit einer elektrischen Straßenbahn beträgt 10—15
Km. Der l)reis beträgt für die ganze strecke VohwinkelLlberfeld-Varmen-Rittershaufen i, Ulasse 20 f) f., 2, Alafse lo f)f., kürzere Strecken kosten das gleiche. Die Fahrkartenausgabe erfolgt durch Automaten, der Schaffner hat nur zu 5 coupieren. Vis jetzt werden Probefahrten vom Zoologischen Garten bis Döppersberg unternommen, eine Strecke, zu der die parallel laufende Straßenbahn 25 Minuten braucht; die Schwebebahn legt den weg in 7 Minuten zurück. Die wagen fassen 5c) Personen und haben drehbare Aufhängepunkte, sodaß 1 Arümmungen ohne Stoß genommen werden. Jeder wagen hat von jeder Stelle der Strecke aus Telephonanschluß mit dem «Llektricitätswerk. Die Fahrt geht vollständig glatt und ruhig vor sich, man hat eher das Gefühl, als gleite man auf einem Voot dahin, als daß man sich mit Rädern fortbewege. Das ‚z Vremfen geschieht durch Luftdruck. Für den An-

fang sind 26 wagen vorgesehen, die in einem Abstand von z Minuten laufen werden.

27. Über die Hilfsquellen Sibiriens berichtet neuerdings (Lmil du Marais, ein Ingenieur, welcher jahrelang in Rußland zugebracht hat. Derselbe sagt, daß 2 200,000 Farmer jährlich in Sibirien ankommen, wo sie von der Regierung freien Transport und pro Familie die freie Nutznießung von 15 ba. 3and für eine bestimmte Zeit erhalten. Zur Zeit ist die Vevölkerung Sibiriens 8 Millionen Uöpfe stark, würde Sibirien ebenso bevölkert sein wie das 25 europäische Rußland, so würde es eine Vevölkerung von 8o Millionen Einwohner haben. Die jährliche Getreideproduktion Sibiriens ist 2 Millionen t., von welchen ungefähr 6 bis 800,000 t. exportiert werden. Das Tand kann jedoch 10 Millionen t, jährlich hervorbringen, von welchen 4 bis 5 Millio 5 nen t. exportiert werden können. Die Goldproduktion Sibiriens beträgt ein Zehntel der Gesamtproduktion der Erde, aber wegen des Alimas sind bis jetzt nur wenige Minen bearbeitet worden. Die ungeheuren Aohlenlager Sibiriens sind kaum berührt. Line einzige Mine soll in sechs Flözen ebensoviel Rohlen besitzen wie die gesamten lager in England enthalten, kann jedoch wegen Mangel an Transportmitteln nicht bearbeitet werden. Die transsibirische Eisenbahn wird in natio 5 nal-ökonomischer und in politischer Hinsicht als eines der größten Bauwerke dieses Jahrhunderts zu betrachten sein. Nach ihrer Vollendung wird sie jedenfalls Rußland in Ehina den Vorrang sichern. Diese Eisenbahn geht bis jetzt bis zum Amur, wird jedoch in drei Jahren f)ort Arthur erreichen und .»es ermöglichen, daß die Strecke von Moskau nach Peking in i Z bis 14 Tagen zurückgelegt werden kann. Der Überschuß Rußlands von 1 Million 5cc,ccn Geburten über die Todesfälle wird größtenteils an Sibirien abgegeben. An fruchtbarem Voden besitzt Sibirien nicht weniger als 5« Millionen ,5 na. , deren Erzeugnisse jedoch größtenteils wegen Mangel an geeigneten Verkehrsmitteln nicht exportiert werden

können. (Mitgetheilt vom Vatentbureau von H. sc U). f)ataky, Verlin). 28. Ein Patent prozeßt

Die Chemnitzer Firma, A. Voehnert, strengte gegen die- Firma A. F. Luden sc Eo. in Göppersdorf einen Prozeß an, weil sich letztere einer Aufmachung für ihre Strumpfwaren bediente, durch welche sich die Fabrik Voehnert insofern geschädigt sah, als die Aufmachung der Firma kuben zweifellos derjenigen der Chemnitzer Firma bis auf eine kleine Abwei.z chung in der eingetragenen Schutzmarke nachgebildet war. Jetzt ist nun dieser Prozeß außergerichtlich beigelegt worden. Die Firma A. F. kuben sc Eo. zahlte an die Firma A. Voehnert 3500 M., übernahm die gesamten, bis jetzt aufgelaufenen Uosten und gab eine Erklärung dahin ab, daß sie sich wohl,» bewußt sei, die Interessen der Firma A. Voehnert durch Nachahmung ihrer Aufmachung geschädigt zu haben. Die Firma A. Voehnert zog dagegen ihren Strafantrag zurück.

29. Deutsche Ausfuhr nach den vereinigten Staaten

Aus dem Generalkonsulatsbezirke Frankfurt a. M. wurden, wie uns ein Orivat-Telegramm meldet, im zweiten Quartal waren im werte von H 10,476,807 oder Hz55,649 mehr als in der entsprechenden Periode des Vorjahres ausgeführt.

5 An dem Mehrexport partizipieren besonders Frankfurt, Varmen, Mainz, Aoburg und Aehl; ein Minus weist auf der Versand aus Mannheim, Uöln und Arefeld. Der Gesamterport im Fiskaljahre betrug §40,124,178, oder gegen das Vorjahr Hz7,zi6 weniger.— Aus dem Aonsulatsbezirke 1 Magdeburg sind im zweiten Quartal dieses Jahres insgesamt waren im werte von 6,225,450 M., das sind 1,578,529 M. mehr als im gleichen Quartal des Vorjahres exportiert worden. «Line Zunahme weist namentlich der Export von Rohzucker um 1,176,136 M. auf; dagegen ist für Cederhand 5 schuhe eine Abnahme um 285,611 M. zu verzeichnen.

Zd. Deutsches Vantwesen

«Lin sachverständiger Engländer schilderte im Oktober 1899 in einem en-

glischen Vlatte die «kindrücke, die er vom Getriebe der deutschen Finanzwelt und im besonderen von dem der deutschen Vanken durch persönliche Anschauung empfing. Seine Schilderung fiel ganz und gar zum 3obe der deutschen finanziellen Areise aus. Damals bestand eine starke Veengnis der deutschen Geldmärkte, die in den nächsten Monaten zunahm und schwere Vesorgnisse hervorrief. Der strivatdiskont war auf 55x6 gestiegen, und er erreichte im Dezember die Höhe 25 von mehr als 656. Die Rate der Reichsbank wurde am Z. Oktober auf 6", am 19, Dezember auf 756 hinaufgesetzt. Der englische Fachmann sprach in seiner Darstellung der läge in Deutschland von der Geldknappheit, die das deutsche Finanzwesen auf eine Feuerprobe stellte und seine Tragfähigkeit auf 3 das Äußerste anspannen könnte, und er sagte in Vezug auf die deutschen Vanken: „Die innere Gesundheit ihres Systems, die Elastizität ihrer Methoden und die Tüchtigkeit ihrer Verwaltungen dürften wohl die kleinen Zufälligkeiten im laufe eines zu rafchen Wachstums überleben." 5 Zum zweiten Mal innerhalb kurzer Zeit bestehen die deutschen Vanken eine Feuerprobe, die aber nicht aus einer kritische» tage des Geldmarkts entspringt, sondern aus einem Mißtrauen, das durch das verbrecherische Gebühren der Leitungen einiger Vanken hervorgerufen wurde, ein Mißtrauen, das innerhalb kurzer Zeit, man möchte sagen riesenhaft anwuchs und kein wie immer gestaltetes Geldinstitut verschonte. Da wurden sofort allerlei Vorschläge gemacht, und es wurde die Gesetzgebung aufgerufen, einzugreifen und das deutfche Vankwesen auf eine neue vom Gefetze eng umschrie ,; bene Grundlage zu stellen. Diese Ratgeber vergessen, daß das deutsche Bankwesen sich innerhalb der letzten drei Jahrzehnte ganz ungehindert und ohne jedes staatliche Zuthun nur nach dem natürlichen Gesetz entwickelte und fort und fort gediehen ist, nachdem es seine Laufbahn angetreten hatte, das ihm so 2 zusagen an dem Tage seiner Geburt aus dem eigenen nationalen Wesen heraus gegeben worden war. Ls hatte von

Anfang an auf seinen weg die Bestimmung mitgenommen, die deutsche Industrie, den deutschen Handel in Vewegung zu bringen, ihnen zum Stützpunkt, zur Förderung zu dienen.

25 wir haben es schon vielfach hervorgehoben, wie die großen deutschen Geldinstitute, vor allem diejenigen, die in der Reichshauptstadt entstanden sind und ihren Wirkungskreis mächtig ausdehnten, kein geringes Aontingent zu dem „reichen Vorrat an Intelligenz" und an Uräften stellten, vermittelst deren die , materielle Hebung des Reichs sich seit dessen Aufrichtung in bewundernswerter weise vollzog, sie gaben der deutschen Industrie unablässig Anregung zum Schaffen, und sie bilden in finanzieller Veziehung den stärksten Rückhalt, woran sich das industrielle leben unseres Landes emporrichtete und zur 35 Vlüte kam. Die „Financial Times" meint in Vezug auf den 5turz der leipziger Vank, der durch die Finanzierung indu 2Z4 oNNKKI c;K«,Il strieller Unternehmen verschuldet wurde, daß man vielleicht das Banksystem solcher engen Verbindung mit der Industrie, das man in England nicht kennt, als Fehler betrachten möchte. Aber, fügt das Vlatt hinzu, die bemerkenswerte Ent 5 Wickelung von Industrie und Handel im deutschen Reiche wäre unmöglich gewesen ohne dieses Zusammengehen und Zusammenarbeiten. Es spreche gerade zu Gunsten der Sanken, ihres inneren Gefüges und ihrer Geschicklichkeit, daß sie so bedeutende Operationen durchführten, und daß nunmehr, da i die Industriewerte seit dem vorigen Jahre einen ganz enormen Preissturz erlitten, von diesem keine Vank erschüttert wurde.

In England finden industrielle Unternehmen Stütze und Förderung durch das Aapital einzelner und den Zusammen 15 schluß von Aapitalisten, aber ohne die Hilfe der Vanken. 5o kraftvoll ist jedoch noch nicht der Aapitalstock in Deutschland, und nach solcher Richtung ist, möchten wir sagen, der Geist der Uapitalistenkreise unseres Landes nicht ausgebildet genug, um sich einzeln oder im Zusammengehen weniger für dergleichen 2 Operationen

zu interessieren. Es würden nun die Fabriken brach liegen, wenn ihre Maschinen nicht durch einen Riesenstrom willigen Aapitals in Atem gehalten werden. Dieser Riesenstrom, wie wir das schon einmal hervorhoben und des weiteren ausführten, sammelt sich aber in den Reser 25 voirs der Vanken, die seinen lauf regeln und ihn in die verschiedenen Aanäle des Verkehrs leiten, auf daß er den wirtschaftlichen Vetrieb an den rechten stellen befruchte, ihn nicht überflute und zerstöre. In dem sich ausweitenden Wirkungskreis der Vanken offenbart sich der kräftige Flügelschlag des

Z Unternehmungsgeistes.

Es muß nun natürlich an das Bankwesen die Forderung gestellt werden, daß es seine Einrichtungen in der weise treffe, daß jederzeit der Strom des Aapitals frei zu werden vermag, daß stets eine Beweglichkeit, eine „Liquidität" der Mittel ge 25 wahrt werde, um in ungünstiger Epoche vermehrten Ansprüchen sofort genügen zu können. Die Depositen bedürfen einer besonderen Behandlung, wie es auch bereits von vielen Vanken geschieht, damit Rückzahlungen ohne jede Störung des Vetriebes in prompter weise erfolgen. Auch in der Gegenwart haben die großen Vanken eine jDrobe in dieser 5 Richtung gut bestanden. Allerdings ist noch nicht die ganze Schärfe einer Areditkrisis empfunden worden. Solche Vorkehrungen zu treffen, müssen wir den Vanken selbst überlassen, die Gesetzgebung würde, wenn sie eingriffe, wahrscheinlich eben so viel in dieser Richtung verderben, wie es in der

« Vörsengesetzgebung geschah, die schon nach wenigen Jahren einer Reform unterworfen wird. Gegen eine schlechte und wahnsinnige Leitung eines Unternehmens vermag, wie das am Sonnabend im politischen Teile der „National-Zeitung" des weiteren ausgeführt wurde, kein Gesetz prophylaktischen .5 Schutz zu gewähren. Der Sturz der leipziger Vank muß auch einer Art von unzurechnungsfähiger Großmannssucht ihrer weiter zugeschrieben werden. So verblendet waren diese sogar von einem verderblichen Oarteigeist

und Haß, daß sie im Jahre 1890 ihre Veziehungen zu dem Hause Rothschild « in london plötzlich abbrachen. Das sind Dinge, die nicht dem Ganzen des Vankenbetriebs zur last gelegt werden dürfen, sondern als Verirrungen einzelner zu gelten haben und zumal alsVegleiterscheinungen eines allzu hastigenAufschwungs der Aonjunktur der Industrie und des allgemeinen Verkehrs.

Ii. Zur Vörse 25 Diejenigen Stimmen, die in den letzten Tagen die trübste Zukunft der deutschen Vörsen und Vanken verkündeten, werden kleinlaut werden, wenn sie die ruhige Haltung der Vörse und der Finanzkreise beobachten und namentlich die Abwickelung des Ultimo in Vetracht ziehen. Dieser verlief in der unge 3 störten, glatten weise; es sind keine Schwierigkeiten wesentlicher Art am Zahltag eingetreten. Man erwähnte nur zwei unbedeutende Bankgeschäfte, die ihre Zahlungen einstellten, und zwar mit Massiven, die zusammen eine sehr geringe Summe repräsentieren. Eine dieser insolventen Firmen bewilligte, wie wir hören, 50 x6 mit der Zusage langsamer Erledigung ihrer restlichen Verpflichtungen. Die andere Firma 5 behauptet, daß sie an einem gegen sie erhobenen Differenzeinwand, der i60,occ M. umfassen soll, gescheitert sei. Im Übrigen verlautbarte nichts von einer Schwächung der läge. Vetrübend ist es, daß die oben erwähnten Verkündigungen einer schlimmen Zukunft dem Ausland tiefes Mißtrauen .»gegen die deutsche Finanzlage einstoßen. So sind pariser Vlätter aufgestachelt worden, das französische Uapital vor Anlagen in Deutschland zu warnen.

I2. Folgen des teigiger VanttrachZ

Die Schädigungen, welche der Zusammenbruch der leipziger Vank für die weitesten Areise Sachsens im Gefolge hat, 15 treten mit jedem Tage deutlicher hervor. Es ist den lesern aus unseren wiederholten Ausführungen bekannt, daß die Aatastrophe gerade deshalb so außerordentlich verheerend wirkte, weil die Vank das unbegrenzte Vertrauen sowohl der Vehörden wie der

Privatleute und der Geschäftsleute besaß.

2 Daß die Sächsische Vank und die Reichsbank mit großen Summen beteiligt sind, meldeten wir bereits, ebenso wie die Thatsache, daß die Sächsische landeslotterie größere Veträge von der Masse zu fordern hat. Heute liegen die folgenden weiteren Nachrichten über Verluste der verschiedensten 25 Areise vor:

Zunächst sei erwähnt, daß der altenburgische Staat an dem Zusammenbruch beteiligt ist, da einige seiner Aassen mit der leipziger Vank in geschäftlicher Verbindung standen. Außerdem beklagt die altenburgische Vevölkerung große Verluste, , da sich unter ihr ziemlich zahlreiche Aktionäre der leipziger Vank befinden.

Nm der Not, welche die Einwohner der Stadt leipzig betroffen hat, einigermaßen zu steuern, hat sich der Rat dieser Stadt ebenso wie kürzlich die Deutsche Vank und die großen sächsischen Sanken, entschlossen, die «Linlagebücher der leipziger Vank bis zur Höhe von zc s des Einlegerguthabens, se 5 doch das einzelne Vuch nur bis zum Höchstbetrag von 1000M., zu beleihen. Einlagebücher der leipziger Vank sollen ferner ebenfalls bis zur Höhe von zo des Guthabens zur Leistung von Sicherheiten für Verpflichtungen der Stadtgemeinde gegenüber angenommen werden. Die Stadtverordneten sind , um schleunige Zustimmung zu diesen Beschlüssen des Rates ersucht worden, die auch für so sicher gehalten wird, daß bereits gestern mit der Veleihung der Linlagebücher durch die 5tadt begonnen worden ist.

Indirekt ist übrigens auch das Vermögen der Stadt 5 Leipzig durch den Zusammenbruch der leipziger Vank mitbetroffen worden; die Stiftung eines Menschenfreundes verliert nicht weniger als 500,000 M. in Aktien der falliten Vank, eine andere Stiftung den Vetrag von 60,000 M.; dazu kommen dann noch mehrere kleine Veträge. Ferner -«bedeutet der Wegfall der Dividenden der Aktionäre und der Tantiemen der Direktoren und Aufsichtsratsmitglieder der Vank für die

Stadt einen Steuerausfall, der auf Millionen geschätzt wird. Hierbei sei bemerkt, daß sich fast sämtliche Aktien der leipziger Vank in leipziger Händen befinden, 25 sie sind zum Teil Familienbesitz seit Gründung der Vank. Ferner sind, soweit sich bis jetzt übersehen läßt, viele Einwohner der Städte Markneukirchen, Ociusa sowie größere Firmen in Auerbach durch den Arach in Mitleidenschaft gezogen.

1» Unmittelbar im Zusammenhange mit der Aatastrophe bei der leipziger Vank ist die Flanellfabrik F. G. Altmann in Vöhrigen bei Roßwein in Konkurs geraten. Das Unternehmen wurde als Aktiengesellschaft im Jahre 1896 mit einem Aapital von 750,000 M. gegründet. Die Verteilung einer 25 Dividende war allerdings noch nicht möglich, im Gegenteil schloß die Gesellschaft Ende 1898 mit einer Unterbilanz von 211,000 m. ab. Die Fabrik beschäftigte noch bis zuletzt mehrere hundert Arbeiter und widmete sich speziell der wollWarenfabrikation. Außer dem Fabrikgebäude hat die Gesellschaft Grundbesitz in Vöhrigen und «Ltzdorf, auf welchem die

Sicherheit für die ausgegebenen 450,000 U7. 4proz. Teilschuldverschreibungen an erster Stelle hypothekarisch eingetragen ist. Diese Prioritäten werden an der Dresdener Vörse notiert und zwar gestern mit 75. Direktor «Llder gehörte dem Aufsichtsrate des Unternehmens an.

In Aoburg geriet der Privatier Hoffmann über die Verluste bei dem leipziger Vankkrach in folche Verzweiflung, daß er sich erschoß, nachdem er zuvor seine Frau und Tochter durch Schüsse schwer verletzt hatte.

Endlich sei noch eine Mitteilung des „leipziger Tageblatt" ; erwähnt, wonach der genaue Status der leipziger Vank sich noch nicht übersehen läßt. Hier und da verbreitete Nachrichten, daß den Gläubigern ein Verlust nicht erstehen werde, seien daher vorzeitig.

,I. Ronkurs-Nachricht

In dem Konkurse über das Vermögen des Kaufmanns Julius Feller jun. wurde im ersten Termin den Forderungen ohne Vorrecht von etwa 58,000 M. eine Divi-

dende von 15 bis 22 in Aussicht gestellt, der Kaufmann Dielitz als Verwalter bestätigt, demselben ein Gläubigerausschuß zur Seite gestellt und dem Tridar eine Unterstützung von 200 Ul. bewilligt.

34, New Port als Geschäfts Zentrum der Welt

Der dreiundvierzigste Jahresbericht der New Yorker Handelskammer, welcher veröffentlicht wurde, enthält eine umfassende Darstellung der während des verflossenen Jahres seitens der Organisation geleisteten Arbeit, sowie einen Überblick über den Handel und interessante Statistiken betreffs des Geschäftslebens und der Finanzen. Aus letzteren ist ersichtlich, daß während des mit dem vergangenen 20. Juni abgeschlossenen Fiskaljahres der Export des Landes §1,394,483,082 und 5 der Import §849,941,184, also §544,541,898 weniger als der Export betrug, eine Zunahme zu Gunsten des Landes von §14,667,085 gegenüber dem vorangegangenen Fiskaljahre. In dem mit dem 31. Dezember abgeschlossenen Vorjahre belief sich sogar die Vilanz zu Gunsten des Landes, was Aus .»fuhr und Einfuhr anbetrifft, auf §648,930,529. Die Statistiken des New Yorker Clearing House zeigen die enorme Aktivität im Geschäftsleben New Yorks verflossenen Jahre. Die Exchanges betrugen durchschnittlich täglich §173,138,821.92 oder §52,634,201,857.20 für das ganze 15 Jahr. Seit den verflossenen drei Jahren belaufen sich die Exchanges des New York Clearing House höher, als diejenigen des londoner oder irgend eines anderen der Welt.

« Ausfuhr aus dem vereinigten Staaten KonsulatsVe?irt Vreslau.

Die Gesamtziffer der im Fiskaljahr 1900/1901 ausgeführten waren beträgt nach dem uns von dem Konsul!Nr., Man freundlichst übermittelten Vericht §1,215,195.05 gegen §1,247,837.91 im Jahr 1899/1900, so daß eine Abnahme der Warenausfuhr um §32,642.87 stattgefunden hat. Im 11. Quartal des laufenden Jahres betrug die Ausfuhr an

Vollars H, de« Vorjahres wollwaren 8,900,24 gegen 10,537.78 leinenwaren

35,020.93 „ 51,37558
 Glacehandschuhe 34,i5? 97 „ 73,074-
57 36. Zuschriften an die Redaktion was
die Geschäftsreisen tosten

Man schreibt uns:

Einen großen Teil der Geschäft-
sunkosten machen bekanntlich die Reis-
espesen aus, und iedes Haus, das
Vertreter unterwegs hat, weiß ein Cied
von den — besonders in Preußen — 5
hohen Fahrpreisen zu singen. Ls wäre in
der That nicht mehr als billig, wenn die
Vahnverwaltung die bisher noch recht
hohen Tarife mäßig herabsetzte, weit
entfernt, dem «Lngelschen Vorschlage
beizustimmen — nach dem bekanntlich
der Fahrpreis m.Alasse (Personenzug)
für 1 —icKm. 10 stf.,„»11—25 Km. 20
stf., 26—50 Km. 50 stf. betragen, um
dann in Höhe von 1 IN. (Schnellzug 2
M.) unverändert zu bleiben, so daß man
für 1 M. das ganze deutsche Reich
bereisen könnte — erkennen wir die —
Zoo Millionen Mark, die die «Lisen-
bahn-Verwaltung jährlich als Reinüber-
schuß an die.5 Staatskasse abführt, für
eine durchaus notwendige Ergänzung
der staatlichen Steuereinnahmen an. wir
vertreten indessen die Ansicht, daß
diese, ja eine höhere Summe erreicht
werden wird, sobald die Fahrpreise im
einzelnen eine Herabsetzung erfahren.
«Line Herabsetzung der Fahrpreise
würde 20 unstreitig einen gesteigerten
Verkehr und damit eine bessere Aus-
nutzung der wagen zur Folge haben.
Heute werden nämlich im Durchschnitt
noch nicht ganz 25 der in den Zügen
befindlichen stlätze benutzt, und zwar
verteilt sich die Vesetzung in den
einzelnen Wagenklassen so, daß von
sämtlichen stlätzen der 1. Alasse rund
10 As, von denen der 11. Ulasse rund
21/6, von denen der m. Alasse rund 25,
und von den stlätzen der iv. Alasse rund
z6 5 benutzt werden. Nun würde allerdings eine Steigerung des Verkehrs die
«Linsteilung neuer Veamten, Arbeit-
er:c. nötig machen, doch es ist 3
zweifellos, daß diese Mehrausgabe der
Vahnverwaltung nur einen kleinen Teil
der TNehreinnahme kürzen würde. Die
preußische Eisenbahn-Verwaltung
gewährt dem einzelnen Fahrgast nur
eine einzige Vergünstigung, nämlich

die Preisermäßigung bei Entnahme einer Rückfahrkarte. ()n5 zwischen ist die
Einführung der allgemein 45 Tage
gültigen Rückfahrkarten erfolgt. Anm.
d. Red.) Nun ist es aber durchaus unver-
ständlich, weshalb ich, wenn ich heute
z. V. eine Strecke von 20 Ailometer
zurücklege und innerhalb der
Gültigkeitsperiode der Rückfahrkarte
auf derselben Strecke 1 wieder
heimkehre, eine Preisermäßigung erhalte, die mir für eine Fahrt von 40
Ailometer gerader Strecke versagt ist.
Es ist dies noch ein Überbleibsel aus der
Zeit des Aonkurrenzkampfes zwischen
Staats-und Orivatbahnbetrieb; sie mag
für f)rivatbahnen einigen Sinn gehabt
haben, für Staats .5 bahnen entbehrt sie
jeder logischen Motivierung. Es
entspräche weit mehr dem allgemeinen
Interesse, wenn statt der unver-
ständlichen Gratifikation eine allgemeine Verbilligung der Fahrpreise
durchgeführt würde.

Giebt doch die badische Vahnverwaltung mit ihren be 2 kannten und im Publikum so beliebten Ailometerheften ein
Veispiel für eine derartige Verbilligung.
Vin ich im Vesitz eines solchen Heftes,
das für die m. Alasse 22 M. kostet, so
kann ich innerhalb eines Jahres 1000
Km. zurücklegen. Die von mir zu be-
fahrende Strecke trage ich in das Heft
ein, der 25 Schalterbeamte vermerkt die
Ailometerzahl dazu, stempelt das Vlatt
ab und dieses erlangt dadurch die
Gültigkeit eines Fahrscheines. Sind die
iccc Km. abgefahren, so erhält man bei
Zurückgabe des Heftes 1!N. zurück.
Die Hefte sind übertragbar und können
gleichzeitig von mehreren Personen
benützt' 2 werden, es wird dann nur die
betreffende Strecke dementsprechend
mehrfach eingetragen. Freigepäck giebt
es zwar nicht, doch ist der Tarif für das
Gepäck sehr niedrig.

Solche oder ähnliche Einrichtungen
wären bei uns auch höchst wünschenswert und die gesamte
Geschäftswelt wäre 35 der Eisenbahn-
Verwaltung für ein derartiges Entgegenkommen unendlich dankbar. Sie
würde ebenfalls herzlich gern bei einer
den billigeren Fahrpreisen angepaßten
Herabsetzung des Gepäcktarifs auf die

25 Ko, Freigepäck verzichten, die oft.
kaum für den Aleiderkoffer des
Reisenden anreichen.

wie die Verhältnisse heute liegen,
fahren bei uns in preu 5 ßen die
Fahrgäste 11, bis iv, Ulasse zu teuer,
während die der 1, Klasse relativ zu billig reisen, denn sie zahlen der Vahn pro
Kilometer rund 8 Pf., während ihre Ve-
förderung dem Staate rund 10 Pf. kostet.
An eine Verbilligung der Fahrpreise
durch Abschaffung der dem «Lisen-
bahnsiskus nur ein Minus . einbringen-
den 1. Alasse wird allerdings wohl nicht
zu denken sein. Vielleicht wäre ein ein-
heitliches Vorgehen der Interessenten,
von denen die überwiegende Mehrzahl
der Geschäftswelt angehört, geeignet,
auf Reformen hinzuwirken, die dem Interesse des Publikums in höherem Maße
gerecht würden, .5 ohne den Fiskus zu
schädigen. Hoffen wir, daß das sonst
so fortschrittliche Preußen sich auf dem
Gebiete des Eisenbahnwesens
möglichst bald als segensreicher Refor-
mator erweisen möge. 37. Zwei Ju-
biläen

Geschäftsjubiläum der Wäschefabrik
Spitze K »oft, Verlin

Spitze sc Roß, Wäsche-Fabrik, Gr.
Frankfurterstraße, feier2 ten am i. Juli
das 25jährige Geschäftsjubiläum. Aus
kleinen Anfängen hervorgegangen,
zählt die Firma heute zu den renom-
miertesten Herrenwäsche-Fabriken hier
am Platze. Die Feier wurde durch einen
gemeinschaftlichen Ausflug des nach
Hunderten zählenden Personals und der
Arbeiterinnen wür25 dig beschlossen.

Jubiläum im Hause lNorih tach

Am 1. Juli d. Is. blickte Herr Paul
Anthor auf eine 25jährige Thätigkeit im
Hause Moritz Tach zurück. 3er Jubilar
hat sich aus einer bescheidenen Stellung
zu der eines Prokuristen emporgearbeit-
et und genießt das unbegrenzte Vertrauen seiner Thefs. An seinem Lhrent-
age wurden Herrn Anthor von feiten der
Inhaber sowohl wie seitens seiner Kol-
legen viele Ehrungen zu teil, die Zeugnis ablegten von der Wertschätzung, der
sich der Jubilar erfreut; auch viele 5
Geschäftsfreunde der Firma haben des
Tages gedacht.

38. «in Uassen-Viebstahl

Vei Gefchäftsöffnung am Montag fanden sämtliche Kassiererinnen von lassow 6c Feldschmidt die wechselkasscn erbrachen vor und ihres ca. ic»oc Mk. betragenden Inhalts beraubt. Der Dieb, der mit den Grtlichkeiten vertraut sein, muß, vernichtete außerdem eine Anzahl zur Reklame ausliegender Warenstücke. Vis jetzt gelang es nicht, den Dieb, auf dessen «Lruierung die Firma ioc Mk. Belohnung ausgesetzt hat, ausfindig zu machen.

39 Iahresabschlusz einer Uttien-Gesellschaft.

Vlei st ist Fabrik vormals Johann Faber Aktien»Gesellschaft in Nürnberg. Vorstand: Heinr. Lppelein, Carl Hutzelmeyer, l, Pickel..5 Aufsichtsrat: Nürnberg: Karl Faber, vors,, Ernst Faber, stellv, vors,, Rechtsanwalt L, Iosephsthal; Hamburg: Vankdirektor E. wellge; Lndenich bei Vonn: Rud. Küpper.

Zahlstellen: Nürnberg: Gesellschaftskasse, Vayerische Vank, G. I, Gutmann; Verlin, Hamburg und Frankfurt a. M,: Koinmerz-und 2 Diskontobank; München: Vayerische Vank; Düsseldorf: Düsseldorfer Vankverein.

Errichtet: Im Juli 1895, Neues statut vom 29, september 1899.

Zweck: Fabrikation und Großhandel mit Vlei-und Farbstiften, Schiefertafeln, Kreide-, Künstler-und andere» stiften, sowie schreib-und 25 Zeichnen-Materialien aller Art,

Kapital: M, 2,2«i,«xi in 32c« Aktien », M. icxx,. Ursprüngliches Aktienkapital M, 2,8cxi,cxx), An die Vörse gebracht durch die Kommerz-und Diskontobank am, 15,/n, 98 zu 2485»,

Geschäftsjahr:,. Juli bis Zo, Juni, General-Vers.-Juli—septcmber, 5timmrecht: Jede Aktie eine Stimme.

Anmeldung zur Gcneral-Vers.: 5 Tage vorher.

Dividenden-Zahlung: Zpätestcns i. Vktober. 5 Gewinn-Verteilung: 5? zum Reservefonds, 4 Dividende, 65 Tantieme an die Aufsichtsrat, vertragsmäßige Tantismen an die Direktion und Veamte, Rest öuperdividende bezw. zur Verfügung der General-Vers.

Dividenden pro 1895 96 bis inkl. 1898/99: 15, 15, 16, 16 5.

Uurs Ende Dezember 1898: 248. Ultimo November: 221,6c, 5. l» Vila7lz pro: 1898/99 1897/98 1896/97 1895/96 Aktiva: M. M. M. M.

Grundstücke...... 348,316 318.276. 267,924 267,924

Gebäude 670,051 688,502 659,179 620,994

Maschinen 259,674 247,259 249.102 171,213

Z Fabrikutensilien.... 46,077 44,886 45,352 43,203

Tomptoirutensilien... 1 1 9,746 7,044

Vferde 1 1 2,138 2,376

Material-u. Waren-Vorräte 1,478,941 1,233,874 1,089,799 942,907

Effekten für Reservefonds. 399,232 307,603!- «assa u. Wechsel.... 114.907 212.351! 644.005 581.547

Guthaben bei Bankiers.. 398,722 472,087!

Debitoren 918.846 927.388» 6.787 893,105

Passiva: Aktienkapital 3,200,000 3,000,000 2,800,000 2,800,000

»5 Reservefonds 500,000 300,000 27,367 —

Special-Reservefonds,., 40,000. 40,000 40,000 —

Hypotheken 131,806 145,406 — —

Aleditoren 113,690 356,452 402,93z 182,907

Gewinn: 2 Vruttogewinn 741,730 707,254 679,908 625,144

Dividende 512,000 480,000 420,000 420,000

Abschreibungen.... 96,459 98,883 86,177 77,798

Tantiemen 46,791 46,397 44,345 20,399

Reservefonds — — 72,633 67,367 25 Reserve für Neuanschaffungen 40,000 — — —

Vortrag 44.480 79,974 54,753 39.580 In der am 29. 5eptember stattgehabten diesjährigen ordentlichen General-Versammlung wurde mitgeteilt, daß der Mehrumsatz in den ersten beiden Monaten des neuen Geschäftsjahres (1899/1900) M. 55,000 betrage. Die gesteigerten Aufträge machen Neubauten sowie die Anschaffung von Maschinen erforderlich, für welche der Aufsichtsrat größere Veträge bewilligt hat.

Tages-nnd Wochenberichte 40 vom

Getreidemartt während die meisten Märkte Westeuropas gestern staue Richtung einhielten, hat in Paris die Hausse fernere Fortschritte gemacht. Mit der gestrigen Steigerung sind die dortigen Preise um ein weiteres erhebliches Stück der amerikanischen Parität näher gerückt, und es muß sich nun bald 5 zeigen, wie weit der Deficitlärm in Frankreich nun auch Importabschlüsse nach sich ziehen wird. Als in Deutschland unser gewaltiges weizendeficit bereits im Frühjahr-erkannt wurde, säumte man nicht, die Ronsequenz daraus zu ziehen, selbst zu den damals noch weit ungünstigeren als den augenblicklich in Frankreich bestehenden Verhältnissen hat man für den Vedarf des tandes Vorsorge getroffen. Die amerikanischen Vörsen sind wohl gestern mehr auf die stark« Vestandreduktion nach Vradstreet'scher Schätzung als auf die pariser Einflüsse fester gewesen. Die erzielte Preisbesserung fand auch in den Offerten Ausdruck, denn diese lauteten durchweg )—) M, erhöht, Im hiesigen Verkehr trug man diesem Um 5 stände ebenfalls Rechnung, Die Stimmung war etwas fester, und wenn dies in den Preisen zunächst nur bescheiden zur Erkennung gelangte, lag dies wohl in deu vielfachen Abgaben begründet, welche von Importeuren zum Teil noch auf die umfangreichen gestrigen Abschlüsse gemacht wurden. Als Liverpool merklich höhere Anfangskurse meldete, wurde 2 das Geschäft etwas lebhafter, und bei anziehenden preisen konnten dann wiederum größere Partien Weizen von Amerika acceptiert werden. In Roggen sind von der Donau und vom Schwarzen Meer einige Partien gehandelt worden, vom Asow fehlten Offerten, während Weizen gegen Schluß ermattete, konnte Roggen die Tagesbesserung voll behaupten.

25 Hafer in feiner Ware gut beachtet, sonst still. Aus Pommern lagen mehrfach Angebote von Durchschnittsqualität neuer Ernte vor; es ist aber noch zu keinem Schluß gekommen, Mais ist trotz der amerikanischen Anregung nur wenig gebessert, Rüböl ruhig aber behauptet.

Die amtlich festgestellten Preise am Frühmarkt waren: Weizen 3» September 165.25 M,, Oktober 166 M., Dezember 167.00—167,5« M.— Roggen September 142,00 M., Dezember 143.00—143.25 M, — Gerste, leichte inländische Futtergerste 131,00 bis 141,00 M., schwere in-und ausländische 147 bis 160 M,, russische leicht 125—132 M., amerik. 130—132 M. — Hafer, märkisch., mecklenburgischer u, vomm, fein 155—162 M,, 35 mark., mecklenburgischer, pomm. u, preuß, mitte! 148—154 M,, russischer 14a—146 M., amerikanisch. 138—142 M. —Mais amerikan. mixed 116.50 246 cU5»ıĸı«2I. llllĸnĸ —117.50 m.— Erbsen, inländische und russische Futterware 152—165 m. Weizenmehl 00 luco 21.50 bis 23.50 M. — Roggenmehl c und 1 lucu 18,4c, bis 19.40 M. — Weizenkleie, grobe 9.6a bis 9,90 m., feine 9,4c,—950 M. — Roggenkleie y.50—9,90 M, — 5 Mittags-Vörse: Weizen Juli 165.25 bis 166. 2z—165.2zM, September 165.5c)—166.25—165.75 M-, Oktober 166,25—167.25—166,75 , Dezcmbir 167,50 bis 168,50—168.00 M, — Roggen Juli 137.25—138.00 bis 137.75 M,, September 142.0,—142.75—142,5c, M., Oktober 142,75— 143-25—143,«, M., Dezember 143,25 bis 143.75—143.25 M. — Hafer 1 mark., meckl. u. pomm. fein 154—161 M., märkischer, mecklenburgicher, pommerscher und preußischer mittel 148—153 M., russischer 139—145 M., amerikanischer 137—140 M., September 129.00 M.— Mais mixed ameri. kanischer 116.50—117.00 M. — Weizenmehl 00 21.50 bis 23,50 M. — Roggenmehl 0 und 1 18. 30—19.50 M, September 18,75 -, Oktober 5 18,75—18.80—18.75 M. —Rüböl Oktober 50.8—50.6—50.9 M., Spiritus— preise um 2) Uhr (nichtamtlich). Weizen Juli 165.25 M., September 166 M, Oktober 166.75 -, Dezember 168.00 M. — Roggen Juli 137.75, September 142.50 M., Oktober 143. 00 M., Dezember 143.50 M, —Hafer Juli 135.25 M, September und Oktober 129.00 M. — Mais Juli 108.25 , 2 September und Oktober 108,50 M. — Mehl Juli 18.50 M, September 18.75

M" Oktober 18.80 M. — Rüböl Oftober 50.9 M.

Petroleum

Der Wochenbericht der Herren Scheffer sc Drascher in Hamburg führt aus, daß Preisveränderungen für Petroleum in der letzten Woche weder in Deutschland noch in den Vlcentren Amerikas und Rußlands stattge 25 funden haben, doch ist der deutsche Markt in der Tendenz entschieden etwas besser. Ls macht sich bei dem jetzigen wertstand wieder mehr Rauflust bemerkbar, und es ist nicht ausgeschlossen, daß das Geschäft in der allernächsten Zeit eine größere Lebhaftigkeit annimmt, vorausgesetzt, daß die Deutsch-Amerikanische Petroleum-Gesellschaft nicht durch geeignete 2 Maßnahmen wieder einen Strich durch die Rechnung macht. Im Mittelpunkte des Interesses steht noch immer die Petroleumproduktion in Texas, Alle Berichte lauten darin überein, daß der Vlreichtum des tandes ein gewaltiger ist, aber es werden noch viele Jahre vergehen, ehe derselbe in seinem ganzen Umfang für den Uonsum in Frage kommt. In Penn 25 sylvanien sind im vorigen Monat 673 neue Ouellen erbohrt, gegen 589 im vorhergehenden Monat, aber trotzdem war die Produktion im vorigen Monat 22 Varrels per Tag kleiner als im April. In Vaku ist die Produktion in Folge der ungünstigen Marktlage zurückgegangen und es steht zu erwarten, daß der Rückgang weitere Fortschritte machen wird, wenn 4 keine Besserung in den preisen und im Absatz für russisches Ol eintritt.

42. tleichsbant

Verl in, 2. Juli, Wochenübersicht vom 29, Juni, Aktiva, Metallbestand (der Vestand an kursfähigem deutschen Gelde und an Gold in Varren oder ausländischen Münzen) das Kilogramm fein zu 2784 M, 5 berechnet M, 896,585,«» Abn, 107,692,«»

Vestand an Reichskassenscheinen.. ,, 24,845,«« Abn. 4,401,«« do. Noten anderer Vanken., do. an wechseln, do. an lombardforderungen., 1» do. an Effekten do. an sonstigen Aktiven..,

Passiva.

das Grundkapital M. 150,000,«« unverändert der Reservefonds ,,

40,500,000 unverändert 15 der Vetrag der umlaufenden Noten, „ 1,374,970,«»» Jun. 281,530,000 die sonstigen täglich fälligen Verbindlichkeiten „ 605,302,000 Abn. 78,005,«« die sonstigen Passiva „ 24,852,«» Zun. 1,044,«»

Vei den Abrechnungsstellen wurden im Monat Juni 2,297,035,200 Mark 2 abgerechnet,

In dem obigen Ausweis tritt eine ungewöhnlich starke Anspannung hervor, welche damit zusammenhängt, daß die Reichsbank der sächsischen Geschäftswelt in der gegenwärtigen schwierigen Periode auf das bereitwilligste entgegengekommen ist, Ls ermäßigten sich in der letzten Juni 25 woche die Metallbcstände um 107,692,000 Mark (65,892,000 M. und 92,656,000 M. in den beiden Vorjahren), die sonstige Deckung um 3,004,«» M. (1,393,«« M. und 1,541,«« M.), so daß sich die Gesamtdeckung um 110,696,«« M. (67,285,«» M, und 94,197,«» M,) verminderte. Da der Vetrag der Notencirkulation sich um 281,530,«» M. (235,712,«« M, und 3 200,480,000 M.) erhöhte, ging die steuerfreie Notenreserve bei einer Verschlechterung des Ztatus um 392,226,000 Mark (302,997,«» M. und 294,667,000 M.) auf 6,508,000 M. zurück, während in den beiden Vorjahren 158,654,000 M. beziehentlich 138,706,000 M. steuerpflichtig waren. Die Anlagen in wechseln erhöhten sich um 286,558,«» M. (142,214,«« M. 35 und 82,342,000 m,), jene in Tombarden um 46,982,000 m, (62,510,000 m. und 62,590,000 M.), dagegen verminderten sich ferner auf der Aktivseite die Effekten um 10,699,000 M. Auf der Vassivseite haben die täglich fälligen Verbindlichkeiten eine Abnahme von 78,005,000 M, (119,962,000m, und 125,022,«» M.) zu verzeichnen.

Iassenbotm, ) placiert Ivontordiencr, j Haacke, Lucknier Straße 13 (Moritzplcch).

Tüchtiger Comptoirist, mit genauer Kenntnis der dopp. Buchführung und englischen Sprache, der bereits im Iniportgeschäft thätig war, von ersten! hiesigen Hause für dauernde gut salarierte Stellung gesucht.

Gcf. Offerten unter O.l'. l46 Erpedition dieser Zeitung.

Gesuchte weibl. Personen.

I. Verkäuferin.

Von einer Fabrik Knust» rou in inoÄßrneni 8til wird für das in Lvrliu zum Herbst zu eröffnende Detailgeschäft (A u s s t e l l u n g ss a l 0 n) er»te Kraft als erste Verkäuferin und Verwalterin gesucht.

Sprach-und Branchekenu tu isse Bedingung.

Damen, welche' derartige Stellungen in Lerliu schon inne hatten und über la. Zeugnisse und Referenzen vcrfügen,wollenZeugnisabschriften, Photographie und Gchaltsansprüche an die Exped. dieser Ztg. richten unter?.?. 413.

Zwei kapitalkräftige junge Kaufleute (Brüder) suchen ein nachweisbar gutgehendes Fabrikationsgeschäft zu taufen. Offerten unter 5. X. 138. an die Exped. dieser Zeitung.

Stiller Teilhaber sofort für ein altes, feines Geschäft gesucht. Kapitaleinlage 20—25,000 M. zwecks Auszahlung eines Socius.

Hohe Verzinsung garantiert.

Für einen jüngeren, intelligenten Kaufmann, welcher nur mit feinen Kreisen zu Verkehren hat, Lebens-und Repräsentationsstellung. Gefl. Offerten unter v.?. 146 an »nüolt ««88«, Lerliu 8.V.

2. Vriefanfänge

Geehrter Herr.

Geehrte Herren.

Verlin, den ü. Juni 1901,

Ich habe die Lhre, Ihnen anzuzeigen, daß.,,

Ver Zweck des Gegenwärtigen ist, sie zu benachrichtige», daß.., Ich bedaure, Ihnen mitteilen zu müssen, daß,,. Ich bin im Vesitz Ihres gefälligen schreiben? vom 8, d, Mts, wir haben Ihren Vrief vom z, d, Mts, richtig erhalten, wir haben soeben Ihren Vrief vom 8. v, Mts, erhalten, wir hatten am z, Dezember das

Vergnügen, Ihnen zu schreiben, wir verdanken Ibre Adresse den

Herren 5mith sc Lo,

Dem Wunsche, den 3ie in Ihrem Vriefe vom,.. ausdrücken, zu entsprechen...

Ihrer Anweisung gemäß,,.

In Erwiderung Ihrer gefälligen Zuschrift vom 20, d, Mts..,.

In Veantwortung Ihres Vriefes vom n. v. Mts..., wir haben Ihr wertes vom. .. richtig empfangen, wodurch wir benachrichtigt werden, daß.,.

Ihr Vrief vom io. v. MtZ. liegt mir zur Veantwortung vor.

wir bestätigen Ihnen unfern letzten Vrief vom...

Ich nehme mir die Freiheit, Ihnen inliegend zu übersenden...

wie 5ie uns in Ihrem Vrief vom 9. d. Mts. ankündigen...

Ich beziehe mich auf mein letztes Schreiben vom...

Ich habe s. I. (seiner Zeit) Ihr gefälliges Schreiben vom... erhalten.

Ihrem Auftrag vom 2Z. d. Mts. gemäß...

Zufolge Auftrags und für Rechnung des Herr» N. N....

Im Auftrag und für Rechnung unseres gemeinschaftlichen Freundes, Herrn N. N. in X....

Vezugnehmend auf mein Rundschreiben ersuche ich sie.,.

Mit letzter Post hatten wir das Vergnügen, Ihnen zu schreiben.

In compliance vit!i tne recuezt exprez«eI in our letter ol tbe...

Hccorclnß to our Instruction«.., In anLwer to xuur lvor ol He 2ctn INLt.

In repl? to xuur lavor ol tue Utk ult.

Ve lillve 6ux received /our eLteeine6 letter ol tbe... apprizin UL tl!lt...

I uve /our lvor ol tbe ictb ult,

Ve Ie to connrm nur lzt letter ol tue. .. I wKe tne lidert? ol reinittin?ou nerevitn.,, Z?ou inlurin uz in xur letter ol tue ytn inzt... I reter tu in? I»»t ol tue...

I lul? received!?our eLteeineä letter ol tue...

In conlorrnlt? vitli?our orcler ol tbe 2Hr1 in«t

L?orIel an6 on account ol Nr. 5l.I5.

L per /our order and on accuunt ol our inutual lrienä, ilr, N. 1,, X, lieterrin to in? circular, I de ?«u.., We K20 tbe pleazure ol vritinß?ou d? ILt IN2Ü,

I. L1o»inß ol Retters

I reinin, 8ir, reLpectiull?.,, e remi», (ientlernen,;nur ode,

dient zervHnt«.,. Ve reinain, (lentlemen,?our« lllitb. lull?... 3. Vriefschlüsse

Achtungsvoll und ergebenst... wir empfehlen uns Ihnen mit

Achtung... wir verbleiben hochachtungsvoll und ergebenst...

Genehmigen Sie meine aufrichtigen Grüße...

Ich grüße 3ie ergebenst...

lvir halten uns Ihrer Freundschaft empfohlen und zeichnen...

Ihrer Antwort entgegensehend, zeichnet...

Ihren ferneren Nachrichten entgegensehend, zeichnen wir hochachtungsvoll und ergebenst...

Genehmigen 5ie die Versicherung unserer ausgezeichneten Hochachtung.

Ztets zu Gegendiensten bereit, verbleibe ich...

Inzwischen verbleibe ich Ihr Ergebener...

Ich erwarte Ih« schleunige Antwort und grüße 5ie bestens...

I« der Hoffnung, bald mit einer Antwort von Ihnen beehrt zu werden...

Indem wir hoffen, baldige Nachrichten von Ihnen zu erhalten.,.

Unterdessen empfehlen wir uns Ihnen angelegentlichst...

Entschuldigen 5ie die Ihnen verursachte Mühe und...

Velieben sie zu jeder Zeit über uns zu verfügen, wenn wir Ihnen nützlich sein können.

wir verlassen uns auf Ihre Sorgfalt bei diesem Geschäft und zeichnen...

Mit nächster voft werden wir Ihnen wieder schreiben.

Ich ersuche 5ie höflichst, mich vom Geschehenen unterrichten zu wollen.

Indem wir Ihnen für das uns geschenkte vertrauen danken, ver l'be lnn2,AinA Partner,, 4. Cirtulare (Rundschreiben) Phrasen

Ein Tirkular erlassen.

Ein Zweiggeschäft, ein Iweighaus, eine Rommandite, eine Filiale.

Als Teilhaber nehmen.

Ein Anteil an einem Geschäfte.

Ein Teilnehmer, Teilhaber, Kompagnon, Associe.

Der Gesellschaftsvertrag,

Ein Geschäft eingehen lassen, abwickeln, liquidieren, auflösen.

sich vom Geschäfte zurückziehen.

Ein Haus auflösen.

«Line Handelsgesellschaft auflösen.

Der Austritt eines Teilhabers.

Einen Gesellschaftsvertrag auf. heben.

Lin Geschäft, Etablissement.

Eine Aktiengesellschaft.

Ein Geschäftshaus begründen.

5ich etablieren.

Das Geschäft fortsetzen.

Das Vetriebskaviwl.

Hinreichende Kapitalien (Mittel, Fonds).

Kapital einlegen.

Eine erloschene Firma,

Der Geschäftsführer,

Der Prokurist,

Der stille Teilhaber.

Der geschäftsführende Teilhaber.

1"be «ißnwie. Vie Unterschrift, Zeichnung.

I'o Lin d prox. f)er sirokura (per p»,) Zeichnen, lieterences. Referenzen, Veziehungen.

1« reler w... 5ich beziehen auf...

"llie armexec! ciicullll. Das beigefügte (angeschlossene) Cir kular.

I'be tl»n8iiii85ici ut cxxl«. Die Spedition.

(General cummiLzinn bu8ine5L. Allgemeine Aommissionsgeschäfte. 1'c» äevote one's «eli tc drncb ot Sich einer Vranche widme», dn3ine«5.

"lo Umit one'z 3ell to 3, drauck ct sich auf eine Vranche beschränken. dusirie««.

Vrlefmuster

Hamburg, isten Januar 1900.

wir haben die Ehre, Ihnen anzuzeigen, daß wir mit heutigem Tage ein Handelshaus unter der Firma

Vaumann sc Aahl 5 errichtet haben.

wir werden uns vorzugsweise dem Aommissionsgeschäfte in allen Warengattungen widmen.

Velieben 5ie, von unseren respektiven Unterschriften

Uenntnis zu nehmen, und genehmigen 5ie nebst dem Aner 1 bieten unserer Dienste die Versicherung unserer Hochachtung.

Vaumann sc'Rahl.

Unser Herr Vaumann wird zeichnen:

Unser Herr Kahl wird zeichnen:

Hamburg, den isten Juli 1901.

,5 wir beehren uns, Ihnen anzuzeigen, daß unvorhergesehene Umstände unfern Herrn Aahl bestimmen, sich aus unserer Gesellschaft zurückzuziehen.

Herr wander, der bereits seit einer Reihe von Jahren in unserem Hause thätig ist, wird unser geschäftsführender Teil262 ccmi«R«,ci ciLk« nehmer; wollen Sie von seiner Unterschrift gefälligst Kenntnis nehmen.

Mit der vollkommensten Hochachtung empfehlen sich

Vaumann sc Uahl.

tzerr Uahl hört auf zu zeichnen

Herr wander wild zeichnen

Verlin, i. Januar 19.. Herren Wolf sc Meier in Leipzig.

wir haben die Ehre, Sie mit Gegenwärtigem von der, Errichtung unseres Handelshauses auf hiesigem Alatz unter der Firma Vaumann sc Aahl ergebenst in Aenntnis zu setzen.

Dasselbe wird vorzugsweise den Vetrieb von waren-, 5 Wechsel-, Aommissions-und Speditions-Geschäften umfassen; ohne uns jedoch streng auf diese Geschäftszweige zu beschränken, werden wir mit Vergnügen jede günstige Gelegenheit wahrnehmen, die sich uns zu anderen Geschäften darbietet.

Hinreichende Erfahrungen und angemessenes Aapital 2 setzen uns in den Stand, diejenigen, die uns ihr Vertrauen schenken, mit Sorgfalt zu bedienen.

wir ersuchen Sie, sich unsere Handzeichnung gefälligst zu bemerken und uns mit Ihren Aufträgen bald zu erfreuen.

Hochachtungsvoll 25 Vaumann sc Rah I.

Hamburg, 3. Oktober 19.. Herrn V. Schweitzer, Mainz.

wir erlauben uns, Sie zu benachrichtigen, daß wir am heutigen Tage unfern bisherigen Mitarbeiter, Herrn Franz Daniel, ältesten 5ohn unseres Herrn Aarl Daniel, als Teilhaber in unser Haus aufgenommen haben.

Zu gleicher Zeit haben wir unserm bewährten Buchhalter, Herrn 3eo Stern, Prokura erteilt. Das Geschäft wird in 5 bisheriger weise unter unveränderter Firma von uns fortgeführt.

Indem wir 5ie bitten, von nachstehen-

den Unterschriften Uenntnis nehmen zu wollen, zeichnen wir hochachtungsvoll

Vusch, Daniel sc Co.

Herr Franz Daniel wird zeichnen: Vusch, Daniel sc Co,

Herr leo Stern wird zeichnen: /e-/«. Vusch, Daniel 6c Co, l. Stern.

Vriefmufter

Danzig, den 5. Dezember 19.. Herren Vrunner sc Alein in Verlin.

Durch Ihren geehrten Freund, Herrn Vasler, habe ich erfahren, daß 5ie beabsichtigen, am hiesigen Markte einen 264 coNNKcii. ckivin

Agenten mit dem verkaufe Ihrer waren zu betrauen, und ich erlaube mir daher, Ihnen meine Dienste anzubieten.

Der ausgezeichnete Ruf, den Ihr Haus genießt, läßt mich lebhaft wünschen, wenn möglich in Geschäftsverbindung mit 5 Ihnen zu treten, und versichere ich Sie, daß ich Ihrem Interesse die unermüdlichste Aufmerksamkeit widmen würde, falls öie sich entschließen sollten, sich meiner Vermittelung zu bedienen.

Seit einer Reihe von Jahren in fast täglichem Verkehr mit.»den ersten Häusern dieser Stadt, glaube ich mir schmeicheln zu dürfen, daß meine Dienste nicht ohne Nutzen für Sie sein würden.

Ihrer geneigten Antwort entgegensehend, empfehle ich mich Ihnen hochachtungsvoll

New York, den 20. März 19..

Herren Adam sc Söhne in New York.

Da ich durch einen meiner Freunde erfahren habe, daß in Ihrem Hause eine Tommis-Stelle vakant sei, so erlaube ich 2 mir, mich um dieselbe zu bewerben.

was meine Vefähigung und meinen Charakter betrifft, so berufe ich mich auf das Zeugnis meiner jetzigen prinzipale, der Herren Treulieb sc Schön, in deren Geschäft ich seit drei Jahren arbeite, und bitte ich Sie, sich wegen aller weiter 25 gewünschten Auskunft gefälligst an diese Herren wenden zu wollen.

Sollten Sie mich mit Ihrem Vertrauen beehren, so versichere ich Sie, daß ich mich bestreben werde, dasselbe in vollem Maße zu rechtfertigen und empfehle mich Ihnen in der, Hoffnung auf eine günstige Antwort.

Hochachtungsvoll

Vtto Kurz, 16 1251 5crK 5treet.

New York, den 5. April 19..

Herrn Lmil lange in London.

Auf Veranlassung unseres gemeinschaftlichen Freundes, des Herrn William Russell in Manchester, erlauben wir uns, 5 uns mit Gegenwärtigem bei Ihnen einzuführen und Ihnen unsere Dienste für Geschäftsbesorgungen aller Art auf hiesigem Platze anzubieten, indem wir 5ie zugleich versichern, daß wir Ihr Interesse in der Ausführung jedes Auftrages, mit dem Sie uns beehren wollen, mit größtem Eifer wahr.»nehmen werden.

Unser Associö, Herr Williams, wird, wie wir erwarten, im April in London eintreffen und dann die Lhre haben, Ihnen mit unserm f)reiskourant aufzuwarten, wobei 5ie zugleich in Hinsicht der Zuverlässigkeit und leistungsfähig,z keit unseres Hauses die befriedigendsten Mitteilungen und Referenzen empfangen werden.

In der Hoffnung, daß Ihnen unsere Dienste willkommen sein mögen, empfehlen wir uns mit vorzüglicher Hochachtung.

Gosse sc Williams.

was 2ie uns mitteilen, bleibt unter uns. 5ie können sich auf meine Verschwiegenheit verlassen.

Ich kann Ihnen nichts Zuverlässiges mitteilen.

Lr genießt guten (schwachen) Kredit.

Lr genießt unbeschränktes vertrauen.

Lr ist pünktlich in Lrfüllung seiner Zahlungsverbindlichkeiten,

Lr ist ein Mann von erprobter Rechtlichkeit.

Lr verfügt über bedeutende Mittel.

Man kann auf seine «Ehrlichkeit nicht zählen.

Lr hat sich in gewagte Spekulationen eingelassen.

«Lr soll auf schwachen Füßen stehen.

Ls gehen über diese Firma ungünstige Gerüchte um.

Lr ist übel angeschrieben.

5ie stehen im Ruf großer Rechtlichkeit. 5eine Zahlungsfähigkeit unterliegt keinem Zweifel. 3ie laufen bei diesem Hause keine Gefahr.

Vriefmuster

Voston, 20. Mai 19.. Herrn «3. Holz in New York.

5ie würden mich sehr verbinden, wenn Sie mir gütigst über die Vermögensverhältnisse und den allgemeinen Ruf des 5 auf inliegendem Zettel genannten Hauses möglichst zuverlässige Auskunft geben wollten. Ich verspreche Ihnen natürlich, daß alles, was Sie mir darüber mitteilen wollen, streng unter uns bleibt und werde mich stets freuen, Ihnen in ähnlicher weise dienlich zu sein, so oft sich eine Gelegenheit b"tet.

hochachtungsvoll

Theodor lange.

5 New Dort, 23. Mai 19..

Herrn Theodor lange in Voston.

Dem Wunsche, den Sie in Ihrem Briefe vom 20. ds. ausdrücken, zu entsprechen, teile ich Ihnen mit, daß das von Ihnen bezeichnete Haus hier unbeschränktes Vertrauen be 1 sitzt. Die Umsicht und Thätigkeit der beiden Teilhaber sind allgemein bekannt und beide sind Männer von erprobter Rechtlichkeit. Außerdem verfügt das Haus über bedeutende Geldmittel und seine Zahlungsfähigkeit unterliegt keinem Zweifel. Sie werden demnach, meiner Ansicht nach, obwohl 15 natürlich ohne meine Gewährleistung, keine Gefahr laufen, dem Hause jeden verlangten Aredit zu gewähren.

hochachtungsvoll ..

Verlin, 5. März 19.. ««Herren Glaser sc Vraun in Hamburg.

In Erwiderung Ihrer geehrten Zuschrift vom 1. d. beeilen wir uns, Ihnen mitzuteilen, daß das Haus, über wel" ches Sie Auskunft begehren, auf sehr schwachen Füßen stehen soll. Ls gehen schon seit einiger Zeit über dasselbe allerlei 25 ungünstige Berichte um und soll es sich neuerdings in ziemlich gewagte Spekulationen eingelassen haben. Ich selbst brach schon vor einem Jahre sede Verbindung mit dem genannten Hause ab, da es sehr unpünktlich in der Erfüllung seiner Zahlungsverbindlichkeiten war. Ich würde Ihnen , entschieden abraten, dem Hause irgend welchen Aredit zu gewähren, da man hier von demselben seden Tag die Einstellung seiner

Zahlungen erwartet. Indem ich Ihnen diese 268 c(MlKKci (KKIN vertrauliche Mitteilung mache, rechne ich auf Ihre Verschwiegenheit und zeichne hochachtungsvoll

Auno Fischer.

5 New York, d. 2z. März 19..

Herren Treulieb sc Schön in New York.

Ein Herr Gtto Aurz, der sich um eine Rommisstelle bei uns bewirbt, sagt uns, daß er seit drei Jahren in Ihrem geschätzten Hause beschäftigt gewesen sei und beruft sich, bezüglich seiner Befähigungen und feiner Moralität, auf Ihr Zeugnis. Da die in Rede stehende Stelle ein Vertrauensposten ist und zuweilen beträchtliche Summen durch die Hände des von uns gesuchten jungen Mannes gehen müßten, so würden Sie uns sehr verbinden, wenn Sie uns über den 15 Charakter des Herrn Aurz und besonders über die Gründe seines Austrittes aus Ihrem Geschäfte einige Mitteilungen machen wollten. Hochachtungsvoll

Adam 6c Söhne.

2 New York, den 25. März 19..

Herren Adam sc Söhne in New York.

In Veantwortung Ihres Geehrten vom 2z. d. beeilen wir uns, Ihnen die Versicherung zu geben, daß Herr Vtto Aurz ein durchaus zuverlässiger junger Mann ist, auf 25 dessen Ehrlichkeit Sie unbedingt zählen können, während seiner Thätigkeit in unserem Geschäfte hatten wir stets nur Ursache, sowohl mit seinem Vetragen als auch mit seinen Leistungen äußerst zufrieden zu sein, und es thut uns leid, uns von ihm trennen zu müssen, Lr verläßt unser Haus, ,»weil der Unterhalt seiner Mutter, welche gänzlich von ihm abhängig ist, ein größeres Gehalt notwendig macht, als wir im 5tande sind, ihm zu bewilligen.

Hochachtungsvoll

Creulieb sc 3chön.

Ich behändige Ihnen Faktura im Vetrage von 15c, M, per 16, März zu Ihren lasten,

Entnehmen Sie den Vetrag in kurzer Sicht auf mich.

Ihre Abgabe wird die beste Aufnahme finden 1 Ihre Unterschrift wird Schutz finden.

Velieben Sie, sich meine Tratte zu bemerken.

Trassieren Sie diesen Vetrag auf mich per z Monate dato.

Ihre Tratte für den Velauf Ihrer Faktura soll schuldigst honoriert werden.

Den Vetrag Ihrer Auslagen und Kosten wollen sie auf Herrn V, in Verlin I Monate dato entnehmen (trassieren).

Ziehen sie auf mich 6c Tage nach Sicht.

Zu Ihrer Deckung.

Ich sehe Ihrer Anschaffung entgegen.

Skonto zu 2)6.

Zur Ausgleichung des Gegenstandes.

In New Yorker Vapier.

Nach Abzug Ihrer Spesen,

Einen Antrag genehmigen.

Ich ersuche Sie, für mich anzuschaffen.

Villigst berechnen,

Konsignieren; in Konsignation senden.

Villig ankommen.

Senden, schicken, abgehen lassen, übermachen (Geld).

Vedingen.

Versicherung (Assekuranz) besorgen.

Line Tratte per Antizipation.

Verlin, den 6. April 19.. Herrn w. Schreiber in Bremen.

Bezugnehmend auf meinen Brief vom 8. v. IN. ersuche ich Sie hierdurch, 5 25 Säcke Domingo-Aaffee in ausgesuchter reinschmeckender Ware und gleichmäßiger Beschaffenheit zu möglichst billigem preise in Lilfracht an mich abzusenden.

Ich erwarte hierüber Ihre Faktura, deren Betrag ich 1« Ihnen nach Empfang der Ware bar einsenden werde.

Hochachtungsvoll Gtto Gunst.

Bremen, den 11. April 19..

Herrn Vtto Gunst in Verlin..5 Zufolge Ihres Geehrten vom 6. d. M. sende ich heute in Eilfracht 5 5äcke Domingo «affee in ausgesuchter Ware und billigst berechnet an Sie ab.

Inliegend finden Sie Faktura darüber, für deren Betrag,« Sie mich mit Mk 5320.16 erkennen wollen.

Ls wird mir angenehm sein, auch ferner Ihre geehrten Aufträge zu empfangen, denen ich stets die sorgfältigste Aufmerksamkeit widmen werde.

Hochachtungsvoll w. Schreiber.

Breslau, 5. Mai 19.. Herren V. Neu mann sc Söhne in Chemnitz.

wir ersuchen Sie hiermit, für uns anzuschaffen und per «kisenbahn nach hier abzusenden: 272 oviiκκciä,i. cKn

Zoo Stück glatten Musselin;

350 „ karrierten „ assortiert;

150 „ gestreiften Varchent, „

In der Wahl der Muster verlassen wir uns ganz auf Sie, 5 doch müssen wir Hie bitten, sich diesmal etwas strenger an unser Cimitum zu binden als bei Ihrer letzten lieferung, da die preise seitdem bedeutend herunter gegangen sind.

Trassieren Sie gefälligst den Vetrag wie gewöhnlich auf uns per drei Monat dato und halten Sie sich der besten Auf, nähme Ihrer Abgabe versichert.

Hochachtungsvoll

D. Pohl« sc Sohn.

«Chemnitz, d. 9. Mai 19.. Herren D. Oohle sc Sohn in Vreslau.

15 wir sind im Besitze Ihres Geehrten vom 5. ds. und haben hiermit das Vergnügen, Ihnen Faktura über einen Teil der darin gütigst bestellten Ware, welcher heute per Eisenbahn an Sie abgeht, zu behändigen. Den Vetrag

N. 1678.15 2 haben wir, Ihrer Anweisung gemäß, per drei Monat dato auf 2ie entnommen und ersuchen Sie, das Nötige veranlassen zu wollen, damit unsere Unterschrift bei Vorkommen Schutz finde.

wir bedauern, daß wir nicht im Stande waren, Ihnen 5 sämtliche karrierten Musselins zu senden, versprechen Ihnen aber, daß Sie die fehlenden Stücke innerhalb der nächsten 14 Tage erhalten werden. Die glatten Musselins finden Sie eine Uleinigkeit über Ihr limitum berechnet, was dem jetzigen sehr belebten Markte zuzuschreiben ist. wir hoffen, daß 3 Qualität und Muster der Ihnen gesandten Ware Ihren Veifall haben werden und zeichnen hochachtungsvoll

V. Neu mann sc Söhne.

Dan zig, 6. April 19.. Herren Gebrüder Vorger in Hamburg.

wir erhielten Ihr Geehrtes vom 4. v. M. nebst streiskurant und ersuchen 5ie, für unsere Rechnung zu kaufen: 5 1) 200 Uisten besten weißen Zucker zum streife von IN. 20 per Ctr. oder darunter, frei an Vord; 2) 30 Vxhoft gestoßenen Zucker, falls 5ie denselben in guter Qualität zu!N. 10 per Etr. bekommen können; 1 3)15 Aisten fein violetten Vengal-Indigo; 4) 3 Haß Vlivenöl. Die Verladung wollen Sie mit dem zuerst nach hier abgehenden Dampfer in billigster Fracht bewerkstelligen und uns zeitig Vericht über dieselbe nebst Angabe des ungefähren »5 Vetrages zukommen lassen, damit wir die Assekuranz besorgen können. Gleich nach Empfang der Faktura und des Verladungsscheines (Konnossementes) soll Ihre Tratte für den Vetrag der ersteren schuldigst honoriert werden. Hochachtungsvoll 2« Romberg, Haller 6c Eo.

Hamburg, 10. April 19..

Herren Romberg, Haller sc o. in Dan zig.

wir danken Ihnen für Ihre geehrte Zuschrift vom 6. ds. und haben die darin enthaltenen Aufträge in folcher weise 25 ausgeführt, daß wir sicher auf Ihre Zufriedenheit rechnen dürfen.

Der ungefähre Vetrag der waren ist M. 6500. Die Verladung geschieht per Dampfer „Venus", Aapitän Scholler. Mit nächster Post werden wir die Ehre haben, mit der FakZo tura und den Verladungsdokumenten aufzuwarten. Hochachtungsvoll

Gebrüder Vorger.

Hamburg, 12. April 19..

Herren Romberg, Haller 6c To. in Dan zig.

Bezugnehmend auf unser ergebenes Vorgestriges senden wir Ihnen anbei die Verladungsdokumente über per „Venus", 5 Uapt. Karl Scholler, an Sie abgesandte 200 Aisten weißen Zucker, 30 Gxhoft gestoßenen Zucker, 15 Risten Indigo, 3 Faß Olivenöl 1« nebst Faktura, deren Vetrag von

M. 6473.40 wir so frei waren, durch Tratte 15 Tage nach Sicht für Ihre werte Rechnung zu entnehmen, um diesen Gegenstand damit auszugleichen.,z wir hoffen auf Ihre ferneren geehrten Aufträge und zeichnen mit besonderer Hochachtung

Gebrüder Vorger.
Aonsignation
Stettin, d. 20. März 19..
«Herren F. Vader sc To. in Frankfurt
a./V.
wir kamen in Vesitz Ihres Geehrten
vom 16. ds. und um einen Versuch mit
Ihrem Markte zu machen, senden wir
Ihnen heute per „Gder", Aapt. Samuel
wilde, 10 Fässer Sirup, laut umstehen-
der Faktura, zum Verkauf für unsere 25
Rechnung und fügen darüber das Ronnossement bei. wir ersuchen Sie, den
Verkauf so rasch und vorteilhaft wie
möglich zu bewerkstelligen. Den Ertrag
bitten wir Sie, uns nach Abzug Ihrer
Spesen in guten wechseln auf hier zu
übermachen. ,« or: Gegen zwei Drittel
des Fakturenbetrages haben wir heute
    M. 635, 3 Monat dato auf Sie ent-
nommen und ersuchen Sie, sich unsere
Tratte zu bemerken. hochachtungsvoll
    Wilhelm Dresse! sc Sohn.
5 Frankfurt a./G., zo. März 19..
    Herren Wilhelm Dresse! sc Sohn in
Stettin.
    Die uns unterm 20. d. M. per „Gder",
Rapt. Samuel wilde, gütigst konsig-
nierten ic Fässer Sirup sind richtig
angekommen.
? wir haben sie zu dem uns in Ihrer
Faktura limitierten streife verkauft und
behändigen Ihnen anbei Rechnung über
den Verkauf und über den Netto-Lrlös
von M. 952.5c». Dagegen übermachen
wir Ihnen inliegend
    M. 635.35 8 Tage Sicht auf 3. Meier
'»3I9-I53 Tage Sicht auf Sanders sc To.
zur Ausgleichung der obigen Rechnung.
or: wir werden uns bemühen, dieselben
bestens zu verkaufen und hoffen, Ihnen
demnächst eine gute Abrechnung, über
dieses Geschäft liefern zu können.
    Für Ihre Tratte per Anticipation
gegen diese Sendung M. 6z5, 3 Monat
dato, auf uns selbst, haben wir Sie debitiert.
hochachtungsvoll 5 F. Vader sc To. 8.
?oraräiu8 of 6ooä» 8. Kpedition /H-a5«
Phrasen
    "lbe Ü,liv2läinß ot 8««‹l5. Die Spedi-
tion, der Versand, die
    Veförderung, 1Ae lurv/2l6inß aent.
Ver Spediteur, loioi-varä. Vefördern,
weiterbefördern.

Der Frachtbrief.
Das Konnossement,
Der Speicher.
Auf lager nehmen,
In See gehen.
Zur Verfügung halten.
Lagergebühr, /.
Speditionsprovision, /.
Auslagen.
Die Spesenrechnung,
Unter Nachnahme Ihrer Spesen.
weitere Verfügung, wir senden Ihnen
durch vermittelung der Herren D. sc Co.
...
Line Anweisung von 10 M. auf
V. sc Co.
Der Eingang der waren in Deutsch-
land.
Zoll, m.
Zollfrei.
Vrtefinufter.
Verlin, 3. September 19..
Herrn l. Vrandt in Posen.
Infolge Ihres Auftrages vom zi. v.
!Nts. ließen wir durch Vermittlung des
Herrn Georg Rolfe, hier, an 2ie ab» 5
gehen:
    Nr. 1—3, drei Faß Zucker
    Nr. 1. 2. z.
    Kss-1/5, 181, 173
Hochachtungsvoll
    V. Werner sc Kohn.
Verlin, 3. September 19.. Herrn Ge-
org Rolfe, hier.
wir übergeben Ihnen heute zur Ve-
förderung durch die Vahn in Lilfracht
an Herrn k. Vrandt in Oosen, unter
Nach5 nähme Ihrer Spesen:
    V. w. sc S., Nr. 1—3, 3 Faß Zucker
wiegend Vtto. 529 K.
hochachtend V. Werner sc Sohn.
„ Vsrlin, 4. September 19..
    Herrn 3. Vrandt in stosen.
    Ich habe die Ehre, Sie zu be-
nachrichtigen, daß ich von Sendung der
Herren V. Werner sc Sohn, hier, heute
durch die Vahn in «Lilfracht, 8 Tage
Lieferzeit, an Sie abgesandt .-habe V.
w. sc S., Nr. 1-3, 3 Faß Zucker gewogen
Vtto. 529!c.
    Meine Spesen, die sich laut anliegen-
der Rechnung auf Nl. 103.15 belaufen,
habe ich nachgenommen.
    Hochachtungsvoll Georg Rolfe.
    Verlin, 5. April 19.. Herrn 5. Trippler

in Vremen.
verladen Sie gefälligst die 4 Valien
Vaumwollenware 25?. K. 5—8, welche
zu meiner Verfügung auf Ihrem Speicher liegen, mit einem der ersten Schiffe
an die Herren Vrigham Vros. in kondon
und senden Sie mir Aonnossement. Ich
füge eine Anweisung von Nl. 113 auf
G. Ulrich sc Sohn bei, welche Sie nach
Abzug Ihrer Aosten mir gutschreiben
wollen.
    Hochachtungsvoll il Ehrlich.
    Vremen, 15. April 19..
    Herrn 3mil Ehrlich, Verlin.
    Die Anweisung auf M. 11 z auf G.
Ulrich sc Sohn, die Sie mir mit Ihrem
Geehrten vom 5. ds. übermachten, ist
eingegangen und ich habe Sie für diesen
Vetrag erkannt, da5 gegen belaste ich
aber Ihr Aonto mit M. 22.5c» Unkosten
auf 4 Valien Vaumwollenwaie, die ich
an Vord des „Neptun", Aapt. wetterbart,
heute an die Herren Vrigham Vros. in
London verladen habe. Inliegend über-
reiche ich Ihnen Aonnossement und ze-
ichne 9. Aontskorrente
Phrasen
Das Kontokorrent,
Das Konto.
Der Auszug.
Der saldo, saldieren.
Zu Ihren Gunsten (gunsten).
Der Abschluß der Vücher,
Einen saldo vortragen,
«Line Tratte avisieren.
Angebogen, beigefaltet.
Einliegend,
Ihr Konto schließt mit einem saldo
von,.. M, per 30. Juni ab; saldiert sich
mit... M. per zo. Juni.
Vriefmufter
Hamburg, 4. Januar 19..
Herrn V. Aurz, Stettin.
wir erlauben uns, Ihnen beigefaltet
Auszug Ihres Aontos zu behändigen,
welches mit einem Saldo von m. 432.
15 zu unfern Gunsten per 31. Dezember
abschließt. Belieben Sie, denselben zu
prüfen und nach Richtigbefinden aufs
neue    Aonto    vorzutragen.
hochachtungsvoll xrnst Veier K S 0 hn.
5 ötettin,/. Januar 19..
    Herren «Lrnst Veier 6c Sohn, Ham-
burg.
    Mit Ihrem Geehrten vom 4. ds. erhielt

ich Auszug meines Uontos bis zi. Dezember, welches sich mit

M. 452.15 zu Ihren Gunsten saldiert. Ich habe das Vergnügen, Sie zu benachrichtigen, daß der Auszug richtig befunden wurde und ersuche Sie, die obengenannte Summe in einer Tratte a vi3w auf mich zu entnehmen. hochachtungsvoll 5). nz.

5 Dresden, 5. Januar 19..

Herren Gebrüder Valentin, Leipzig.

Mit dem Abschlüsse unserer Vücher beschäftigt, überreichen wir Ihnen hierbei Auszug Ihrer laufenden Rechnung, wonach uns per Zi. Dezember ein Saldo von .verbleibt. M. 53.10

Velieben Sie den Saldo, wenn richtig befunden, gleichlautend vorzutragen, achtungsvoll"

F. A. Urone sc Sohn.

Leipzig, 7. Januar 19..

Herren F. A. Arone sc Sohn, Dresden.

wir beeilen uns, Ihnen den Empfang Ihres Geehrten vom 5. ds. nebst beigefügtem Auszug unseres Aontos bis 31. Dezember 19.. ergebenst zu bestätigen.

Der letztere ist richtig befunden und der Ihnen danach zukommende 5aldo mit per i. Januar 19.. vorgetragen worden.

; Hochachtungsvoll

Gebrüder Valentin.

10 Geldgeschäfte und Zahlungen

Phrasen

Der Wechsel.

Der Prima-Wechsel,

Der Sekunda-Wechsel,

Einen Wechsel acceptieren,

Acceptieren lassen.

Zum Accept präsentieren.

Die Annahme eines Wechsels,

Die Einlösung eines Wechsels,

Die Annahme verweigern.

Protest erheben,

«Line« Wechsel indossieren.

Das Indossament,

Der Indossant, Aussteller, Wechselgeber,

Der Trassat, Vezogene, Wechselzahler.

Der Remittent, Wechselnehmer, Käufer.

Die Verfallzeit eines Wechsels,

Zum Inkasso zurückbehalten.

Line Tratte begeben.

Die Notadresse.

Die Retourrechnung,

Dieser Wechsel wird in kurzem verfallen sein.

Der Ztand des Kurses mit Deutschland.

Einen Wechsel mit Zahlungsvermerk bei den Herren V. 6c Co. versehen,

New Yorker z-Monat-Papier ist mit 2NZ notiert.

Unter Anzeige.

Vriefmuster

New York, 6. April 19.. Herrn w. Roberts in (Chicago.

Hiermit ersuche ich Sie um die Gefälligkeit, an Herrn Ceo weise dort die Summe von H8oc.— in Worten: Acht hundert , Vollars—gegen doppelte Quittung zu zahlen, und den Vetrag nebst Spesen, unter gefälliger «Linsendung eines Juittungs« exemplares, a vista auf mich zu entnehmen. hochachtungsvoll Edmund Sieber. 10 Chicago, 9. April 19..

Herrn Edmund Sieber in New York.

Ihrem Auftrage zufolge bezahlte ich heute an Herr» 3eo weise hier, laut inliegender Quittung, die Summe von

H8oQ.c»c» 15 Hierzu Provision.25

Vriefporto.10 Summa §800.35 welche ich mir erlaubte G./V. Vavid, a vita, auf Sie zu trassieren.

Mit freundschaftlichem Gruß ergebenst » Rob'rts 284 c(MbNkcii «LKNN mit der Vitte um Inkasso und Remittierung des Vetrages unter Abzug Ihrer Spesen zu übermachen. hochachtungsvoll Hugo Vitter 5 5o. 5 Stettin, iz. Februar 19..

Herren Hugo Vitter 6c üo. in Hamburg, wir senden Ihnen heute durch die Post in bar!N. 1011.78 womit öie zuzüglich Provision ) , M. 2.54

Porto....68 3.22

M. 1015.00 den Vetrag des uns mit Ihrem Geehrten vom 10. ds. zum Einzüge gesandten Wechsels auf l. Wickert hier unter Anzeige gefälligst ausgleichen wollen..5 wir grüßen Sie freundschaftlichst und zeichnen mit Achtung Vader öc volz.

Hamburg, 6.!Närz 19.. Herren kemaire 6c Eo. in Paris.

Mit Gegenwärtigem ersuche ich Sie, für meine Rechnung Hi zoo lange Sicht New York zu kaufen und an die Herren Vrowning Vros. in New York zu remittieren. 25 Ich übersende Ihnen dagegen inliegend

Frks. 750« per 6. Juni auf perrin 6c Eo. dort, deren Sie sich unter Anzeige des Geschehenen zur Ausgleichung bedienen wollen.

Ihrer umgehenden Antwort entgegensehend verbleibe ich hochachtungsvoll Aoolf Rühne.

Hamburg, 6. März 19.. Herren Vrowning Vro5. in New Hort.

Hiermit beehre ich mich, Sie zu benachrichtigen, daß ich die Herren Lemaire A o. in Paris beauftragt habe, Ihnen für 5 meine Rechnung

§1500.00 lange Sicht New York zu remittieren, wofür Sie mich gefälligst unter Anzeige erkennen wollen. Hochachtungsvoll AdolfNühne.

1 Paris, 10. März 19..,

Herren Vrowning Vros. in New York.

Im Auftrage und für Rechnung des Herrn Adolf Aühne in Hamburg übermachen wir Ihnen inliegend

§1500.00 — per 8. Juni auf Green sc Son dort,

New York, 19. März 19.. Ferren kemaire sc Eo., f)aris.

wir bestätigen den Empfang Ihres Geehrten vom ic. d. AI., welchem wir 5 Hi 500.00 per 8. Juni auf Green sc 5on, hier, entnehmen, die wir für Rechnung des Herrn Adolf Aühne in Hamburg verwenden. hochachtungsvoll Vrowning Bros.

1 f) aris, 1 o. März 19..

Herrn Adolf Aühne, Hamburg.

Ihrem Auftrage vom 6. ds. gemäß haben wir für Ihre Rechnung H, 2 yy 8. Juni auf New York .5 gekauft und an die Herren Vrowning Vros. in New York übersandt. Der Vetrag ist durch Ihre Rimesse von Frks. 7500 per 6. Juni auf perrin sc Eo. hier, vorbehaltlich des richtigen Einganges, ausgeglichen. hochachtungsvoll maire sc 5o.

» New York, 19. März 19..

Herrn Adolf Aühne, Hamburg.

Die uns in Ihrem Geehrten vom 6. ds. avisierte Rimesse der Herren lemaire sc

Eo. in staris im Vetrage von Hi 500.00 ist uns von denselben zugekommen und wir haben 5ie dafür 5 unter üblichem Vorbehalt erkannt.

hochachtungsvoll Vrowning Vros.

Leipzig, 10. April 19..

Herrn G. Daum, Dresden. 3 Ich erhielt den Vetrag Ihrer Verkaufsrechnung von M. 3630.15 in 2 wechseln auf hier; 288 comi:Kci «LioiK wie 5ie jedoch aus beiliegendem Protest ersehen, wurde eine Ihrer Rimessen im Vetrag von

M. 950.75 z Tage 5icht auf D. lesser, hier, wegen verweigerter Zahlung protestiert.-Indem ich den Wechsel und die Protesturkunde hiermit zurücksende, ersuche ich Sie, meine Rechnung von diesem Vetrag zu entlasten und mir an protestkosten!N. 15.77 gutzuschreiben.

Hochachtungsvoll

Robert Aurz.

Rückwechselrechnung.

Aapital 2N. 950.75 protestkosten.... M. 8.30

Fremde Spesen... „ 3.70 5 Provision.. . „3.17

Porti „..60 1577

M. 966.52 Leipzig, ic. April 19..

Leipzig, ic. April 19..

2 Herrn G. Daum, Dresden.

Meinen Vrief vom bestätigend, beehre ich mich,

Ihnen mitzuteilen, daß ich heute den Vetrag des Ihnen eingesandten Rückwechsels von M. 966.52, Order der Herren Vinder sc Lohn, zahlbar in Vreslau bei Herren Dunkel sc 2; Sohn, auf Sie entnommen habe.

Indem ich Sie bitte, hiervon Uenntnis nehmen zu wollen, überreiche ich Ihnen inliegend die prima meiner Tratte, welche Sie, mit Ihrem Accept und Zahlungsdomizil versehen, an die Herren Gubener sc To. in Vreslau zur Verfügung der Sekunda übersenden wollen.

hochachtungsvoll Robert Aurz. 5 Dresden, 12. April 19..

Herren Gubener sc To., Vreslau.

Herr Robert Aurz in Leipzig hat!N. 966.52, 8 Tage

Sicht, auf mich entnommen. Gemäß der Vorschrift dieses

Herrn sende ich Ihnen inliegend die

von mir acceptierte f)ri ima, domiziliert bei den Herren Dunkel sc Sohn, zur l?er fügung der Sekunda. hochachtungsvoll

G. Daum.

Dresden, 12. April 19.. »5 Herren Dunkel scSohn, Vreslau.

Ich habe mir die Freiheit genommen, einen Primawechsel von M. 966.52, den Herr Robert Aurz in Leipzig 8 Tage Sicht auf mich entnommen hat, am 20. d. IN. bei Ihnen zahlbar, zu acceptieien. 2 Ich ersuche Sie, denselben einzulösen und überzeugt zu sein, daß ich Ihnen zur gehörigen Zeit Deckung machen werde. hochachtungsvoll G V«um.

Vreslau, 21. April 19..-;herrn G. Daum, Dresden.

wir haben die Tratte des Herrn Robert Aurz in Leipzig im Vetrage von R7.966. 52, die Sie bei uns zahlbar acceptiert hatten, eingelöst und senden Ihnen hierbei Orima und Sekunda ein, indem wir Ihre Deckung erwarten. hochachtungsvoll VunkelKSohn.

Dresden, 14. April 19..

Herrn Robert Kurz, Leipzig.

Ich bekenne mich zum Empfang Ihres Briefes vom 12. d. M., mit dem 5ie mir prima über M. 966.52 übersenden. 5 Ich habe dieselbe, mit meinem Accept und Zahlungsvermerk bei den Herren Dunkel 6c öohn in Vreslau versehen, Ihrer Vorschrift gemäß, an die Herren Gubener K Eo. daselbst zur Verfügung der Sekunda eingesandt. hochachtungsvoll G. um. 11. Vrlefe an Schuldner

Phrasen

Der Zchuldner.

Ein Gläubiger.

«Linen Gläubiger befriedigen.

Die Forderung,

Die ausstehende Forderung.

Der Vetrag meiner Forderung.

Einer Forderung genügen.

Der Vorschuß, //, Vorschüsse.

Die Verpflichtung,

Dieser Vetrag ist fällig.

Die Unannehmlichkeit.

Die Frist.

Der 5tatus.

solid, zahlungsfähig.

Das Falliment,

Der Vankrott,

Zahlungen einstellen,

Ich bin bei diesem Falliment in teressiert.

Die Verlegenheit.

Schmählich.

Sich fallit (bankrott) erklären.

Das gerichtliche Verfahren,

Allen Ansprüchen gerecht werden.

Das tager verwerten.

292 cc»i5lKKi cioin

Vriefmufter

Vremen, 3. Februar 19..

Herrn V. Glattmann, Hannover.

wir beehren uns, Ihnen inliegend den Auszug Ihrer Rechnung zu übersenden, welche mit einem Saldo von z M. 1255. 30 zu unfern Gunsten abschließt.

Velieben Sie uns mitzuteilen, ob derselbe mit Ihren Vüchern übereinstimmt.

y.chachtunsvoll , Schlägel 6c Treu.

Vremen, ic. März 19..

Herrn V. Glattmann, Hannover.

Mit unserm Ergebenen vom 3. vor. Mts. übersandten wir Ihnen Auszug Ihrer Rechnung.,5 wie 5ie daraus ersehen konnten, sind Sie bei uns mit IN. 1255.30 belastet.

Einige bedeutende Zahlungen, die wir Ende dieses Monats zu leisten haben, werden es entschuldigen, wenn wir Sie bitten, uns baldigst mit Rimessen versehen zu wollen.

Achtungsvoll schiel sc Treu.

Vremen, 12. April 19..

Herrn V. Glattmann, Hannover.

wir sind noch immer ohne Ihre Rimesse worüber wir 2; nicht umhin können, Ihnen unser Vefremden auszudrücken.

wir fordern Sie hiermit nochmals auf, die Ausgleichung

Ihrer Rechnung nicht länger aufzuschieben, Sie würden sich sonst Unannehmlichkeiten aussetzen.

Achtungsvoll 5chlägeIKTreu.

ll n t n ? r t

Hannover, 15. April 19..

Herren Schlägel sc Treu, Vremen.

Inliegend übersende ich Ihnen einen Primawechsel über Ul. 1255.50 auf Robert Freund dort 5 zu meiner Entlastung.

Es that mir sehr leid, daß ich gezwungen war, so lange mit der Ausgleichung meines Uontos zu zögern, aber die Geschäfte sind gegenwärtig derart, daß man nur mit größter Anstrengung Einnahmen erzielen kann.

hochachtungsvoll 9. Glattmann. Ol:

Hannover, 15. April 19.. Herren Schlägel sc Treu, Vremen.

,5 Es thut mir leid, Ihnen mitteilen zu müssen, daß ich gegenwärtig außer stände bin, Ihrer Forderung zu genügen. Dies würde mich sehr beschämen, läge der Grund nicht in Umständen, an denen ich keinerlei Schuld trage. Vas unerwartete und schmähliche Falliment des allgemein für voll 2 kommen solid gehaltenen Hauses welborn 6: Sohn, bei dem ich leider mit einer bedeutenden Summe interessiert bin, hat mir, wie allen andern bei diesem Vankerott Beteiligten, große Verlegenheit bereitet. Aus beifolgendem wahrheitsgetreuen Status werden Sie jedoch ersehen, daß ich allen Ansprüchen

«5 gerecht zu werden vermag, wenn mir Zeit gelassen wird, meine ausstehenden Forderungen einzuziehen und mein 3ager zu verwerten. Im andern Falle bleibt mir allerdings kein andrer weg übrig, als mich fallit zu erklären.

Ich hoffe, daß Sie unter diesen Umständen vom gericht

Zo lichen Verfahren abstehen und mir, im Verein mit meinen andern Gläubigern, eine kurze Frist bewilligen werden und zeichne, Ihrer baldigen Antwort entgegensehend hochachtungsvoll V. Glattmann.

2 y4 cokMLkcii. QLKNn 12, Itwr ot Nßoouuu«uÄ»tion 12, Empfehlung' und «,nä nt Crsäit Ureditbrief /?i-«« Phrasen l'o accreäit. Accreditieren. l'Ke letter ol credit. Das Accreditiv, der Kreditbrief. 0n Account. z, Ounto, auf Abschlag. l'Ke receipt. Die Vuittung, Ouplicte receipt, ÄVÄÜkble tut unce. Doppelt für einfach gültig.

Vriefmufter

New York, 5. Mai 19.. Herren Herzog sc Scharf, Verlin.

wir beehren uns hiermit, Herrn William Morris, aus dem uns befreundeten Hause Chas. Morris 6c Sons hier, 5 Ihrer Bekanntschaft zuzuführen. Sie würden uns sehr ver. pflichten, wenn Sie Herrn Morris seinen Aufenthalt dort so angenehm wie möglich machen und ihm jede in ihren Uräften stehende Gefälligkeit erweisen wollten.

Sollte Herr M. für seine Reisekosten bares Geld nötig ha ben, so wollen Sie ihm die gewünschte Summe bis zum Betrage von M. 4000 entweder gegen seine doppelte Quittung oder seine Tratte auf uns an Ihre Vrdre gefälligst auszahlen.

Hochachtungsvoll

Vrill, Uauer sc Co..5 Handzeichnung: wm. Morris.

Quittung von den Herren Herzog sc Scharf Hierselbst K danw meines durch die Herren Vrill, Uauer sc Co. ausgestellten Accreditivs die Summe von Dreitausend Mark erhalten zu haben, bescheinigt hiermit doppelt für einfach gültig.

Verlin, 2. Juni 19.. wm. Morris.

Xoi-D i Die Anweisung ist ein Auftrag des Ausstellers an einen anderen, eine bestimmte 5umme bei 5icht an einen dritten zu zahlen.

Na?N! Vei dem Wechsel unterscheidet man folgende kstmptarten: Den eigenen oder Zola-Wechsel (), welcher nur in einem Exemplar ausgestellt werden kann; es ist eine Urkunde, in welcher der Aussteller verspricht, eine bestimmte Zumme an einem bestimmten Vrt zu einer bestimmten Zeit an einen anderen zu zahlen; es ist ein Iahlungsversprechen. Den gezogenen Wechsel oder die Tratte (L); dies ist eine Urkunde, in welcher der Aussteller einen anderen beauftragt, an einen dritten eine bestimmte 5umme an einem bestimmten Vrt zu bestimmter Zeit zu zahlen; es ist ein Zahlungsauftrag, für dessen Erfüllung aber der Aussteller die Garantie übernimmt.

8,nt, Vetrag (-se3, e), n., »inoriut, Vetragen (-3) n., dsli»,vinr, ooucluot, betragen (u, a), Lmoullt tc. betreffen (betraf, 0), detail, »tiH«, eunceru, 2Ä«ot,, »vertue, betreffend, r«8zeet,ivk. betreffe witd r«ß»rcl tc, »3 tu, betreiben (ie, ie), run, propel, er 1 ou, tollu?, eultivllts. beweisen (ie, ie), prove, bewerben (a, ö), sich, »ppl.

Bewerber (-3,-), m,, »ppIicNnt.

Vewerbung (-,-en),/,, »pp1ie»,ticu. bewerkstelligen, driuß adout, peitcrm. bewilligen, ßrs,iit. bewohnen, iudndit.

Vewohner (-3, ), n,, iud»dit»ut, bewmidern3wert, »ämir»dl«.

meiit.

Gepäckabfertigung (-,-en),/,, d»ß.

ß»ge expeclition, d»ßß»e rooni, Gepäckschein (-lels,-e), m., d»ßß»ße receipt. Gepäcktarif (-sels, e), m,, Writ7 lor d»ßß»ß« tr«,u8purt»tion, Gepäckträger (s, ), m., dllMße porter, Gepräge (-3,-), n,, edaraeter, korni, manner. gerade, »trüigtit, ex»ot. geraten (ie, a), s., »neooe«!, tllll, de pl»ce6. gerecht, ju8t;-werden, 8ati»t, äo

M8tiee to. gerechtfertigt, justiüeä. geregelt, reßu1»,r. Gericht (-»1s, e), n,, eourt cl,iv8 tiee, äi8ll, Portion ot tooä, gerichtlich, uclieiai, leßnl, d)' I»n; -e Caxe, ll88088ect vnlue, gering, »inkll, iüüißüiticüliit, iuterior, gern, ßl»slv, villiilI (gern, lieber, am liebsten); haben, IHe, c» «,mount. Geschäft (-sels,-e), n. , dusine»». geschäftlich, merollntile, pertniniu to ru8iue88, nu8ille83lil!e. Geschäft3besorgung 0,-ell),/., du«i QS88 tr»n8n,lltiou; eomiiii88ioii, Geschäftscentrum (.3,...ren), «., dn»ine88 eenter. geschäftsführend, ru»u»Biuß. Geschäftsgang (-lels, "e),,n. , oours« ot on8ine88. Geschäftsgegend (-,-en),/., du»iue»« vioiuit, geschäftsgewandt, eU ver«e6 in ru8ine88, Geschäftsjahr -se)3,-e), n., du8ine»8 e»r, Geschäftslage (-,-n), /., di,»iue8» eanäitioii. Geschäftsleben (.3),«., du»ille88 Ute. Geschäftsmann (-sels, "er m-...leute), m., du8iue88 muH. Geschäftsöffnung (., en), /,, ope».

ing ot ou8ine88. Geschäftsreise (-,-n), /., dn8i»e««' trip. 8tooK. Grundlage (-,-«),/., touuälltion, gründlich, tliorouFQ, oouiplete, Grundpreis (,,,ses,..,se) m., orißi

Ulli prioe. Gründung (,-en), /., tounäntioll. Grundstück (-lels, e), »,, real e8tate. Gruß (-es, "e), m., ßreetiu, grüßen, ßreet, 8»,Iute, gültig, v»1iä, ßooä tor, in toree. Gültigkeit (-,-en), /,, valiäit?.

Halm (-sels,-e), m,, 8traw.

Hals (,,,ses, "se), »n,, urek, tdroilt,

Halstuch ('lels, "er),,1,, ueekei-ouiet, haltbar, «luitlolS, sa8 to Keep tre8U, halten (ie, a), 8top, dolä, oou8iäkr, «8tillu,te, tuiick.

Haltestelle (,-n),/., 8toppiuß plaoe,

Haltung (-, en),/,, llttituäs,

Hainburg (.3), n,, NkliuduiL.

Hammer (.3,-), m., Qmmsi.

nach, kltter, loe«i1illß tu, to.
nacheinander, nue »lter tde otder.
nachstehend, loUowiuß.
Nachnahmen, imiwte,
Nachahmung (-,-en), /,, imiwtiou,
Nachbar (.3,-n), m,, neißddor.
Nachbarin (-,-nen), /,, ueißddor
(temille).
Nachbarschaft (-,-en),/,, ueiddor-
Nachbestellung (-, en), /., »tter oräer,
nach'bilden, eop, imitnte.
Nachteil (-lels,-e), m,, cli8«1vunt
nachteilig, cletriiuenw,!, inuricu8, nachweisbar, »eeorclin w zr«uk,
»8 ellu de proven. nachweislich,
lloeurciiu to proot,
»8 c»u de zirnven, Nachwuchs
l,,,ses),,n,, ri8iuß 8«' erätion, Nagel (-2,
), ni,, u»il, nahe, iier, Nähe ,-»),/,, prox-
imit, ueigli dordnc«!.
ItlUß Q0tk8,
Notenreserve (,-n),/,, r«8erve ,t
not«».
notgedrungen, tnreeä d ueee88it)',
notieren, note, mce » ucte «t,cucte,
Notierung (,-en),/., czunwtinu ot
priee8).
notig, ueee88»r?; das Nötige veranlassen, t»Ke tue Qeee»8»r inell nötigen,
toree. l8ure8.
Notiz (-,-en), /,, nute.
Notwendig, ueee88lU-,
Notwendigkeit (-,-en),/,, ueee88it.
November (.3,-), »n,, Xoveinder,
nüchtern, 8oder,
Nummer (-,-n),/., uumder.
nun, uov, tuerelore. nunmehr, uov, d
tui» time, ueuee tortu. nur, onl?, Nürnberg (-3), »,, ino8t iiupnrwut lullnule-
turiuß »,n! eniumereiI eip»1 ploe, oben-
genannt, »dove luentioueä, ober, Upper,
Oberbefehl (-Iel3), m., ouiet m-»u
preuie e«inilllliil!, oberhalb, »dove.
Oberhaupt -Iel3, "er), ».. ue»ä, euiet,
Oberhemd (-sel3, en), ».., äre»8 8Qirt,
Oberkellner (.3,-), m., uellä M»iter.
oberst, Qigue8t, «biet, obgleich, llltu-
oußu. obig, 8,dove-iueuticiie1,
»tcre8»icl, obschon, »Itünußd, Obst (-
Iel3), ».. lruit. Vbstdistrikt s-lel3,-e), m.
, truit cli8triet. Vbstgattung (,-en),/,.
v»riet ot truit.
Vbstreichtum (-sei3), m,, kduuäauee
ct truit.
obwalten, exi8t, prevkil.

obwohl, llltdoußü,
occupieren, oeeup.
schädlich, darmtul,
Schaf ('ses,-e), ,,., »ueep, schaffen
(schuf, a), proeure, ork, erellte, Schaffner (-2, ), 7»., rllilrollcl ßu»,rcl.
Schalter (-s, ),,»,, wiuclow toi-tde
tr»u8«,:tioii ct dn8ine88, Schal-
teibeamte (-n,-n), m., «Weinl llt tiefet
viuciow. Scham, /,, »ulliuk: vor-, trom
»Qlliue.
schämen, sich, t« de L8d»iueä,
Schar (-,-en),/,, do8t, eroä.
scharenweise, d trnnp»,
scharf, 8d»rp,
Schärfe (,-n),/,, »evsrit)s.
scharren, 8rr»ted.
schattig, 8duä?,
Schatz (-es, "e), m,, treuere,
schätzbar, valneä,
schätzen, e8tiiü2te, e»teem,
Schatzkammer (-,-n), /,, t,rek8ure
room,
Schatzmeister (-3,-),,»,, tre»8urel.
reeeipt, doucl, scheinen (ie, ie), 8eem,
scheitern, s., du vrecliel. Schelm (-sels,-
e),«««,, ruue, Knkve. schenken, ßive,
re»ent, ßiuut, uo eorä, Schenkbude (-
,-n), /,, dootd tor tde «üle ol lincr.
scherzen, olie.
Scherzwort (-sels,-e), «., jolie, e8t.
schicken, 8enä,
Schicksal (-sei?,-e, »,, täte,
Schiefertrümmer,,/,, trmeut ct
8lllte.
Schieferplatte (-,-n), /,, pieoe «t
8läte, Schiefertafel (,-n)/,, 8lat,«.
Schiff (sels-e), »,, »dip, ve88«I, schiff-
bar, uvißdle. Schiffahrt 0,-cn), /,, nl-
lviMtiou, 8dippinß, Schiffer (s, ), /»,,
«uilnr, dcllt tndle. Schreibwerkzeug (-
les,-e), n.,
Schreibzeug (-le3,-e),,l,, ritiuß
8t«,n6, riting mäteiitll».
schreien (ie, ie), »dunt,
schriftlich, ritten, in vritiuß,
Schriftstück (sels,-e) «,, änenilleut,
letter.
Schubfach (lel3,...er), n., äi»,er,
Schublade (',-n)/,, ärller.
Schul, llels,-e), m., 8Qne.
Schuhfabrikation (-, en), /., rlllln.
utlleture ot «Uns»,
Schuhhandel (.3) m., «Kos trn,äe,
Schuhmacher (-3,), nl,, 8uukiukKei',

Schuhware, p/., doct8 nä 8doe«,
Schuhwaren-Fabrikation (-,-e»),
/., umuutaotnr« cl dcot8 »nä
»b.o«8. Schulbildung (-, en), /.,
8ouoc1 eäullktion, Schuld, /,, äedt
dlame, tault; tragen, de »t lault, de t,o
dlkiue; schuld sein, to de tc dlme,
schulden, ove.
nrmitt,, 8Q«rtoclllillß,
schwächen, v?ekkeu.
Schwächung (, en),/,, wealisnillß,
Schwager (-3, "), m., drotder-iu-lllv,
schwanken, 8»?.
Schwankung (,-en), /,, ünoirmtinu,
schwarz, dlkle,
Schwebebahn (-, en), /., 8U8peu-
8ion rkilwk.
schweben, 8?»,.
Schweden (-3), «,, 8weäeu,
schwedisch, 8v?eäi8ll.
schweigen (ie, ie), to de 8ilent,
Schweiß (.«3), m,, per8piiüt,icn.
eilmllu. Stadtverwaltung (-,-en), /,. eit
overlllluellt. staffelweise, d äegree», d
8tep», Stahl (-sess), m,, »teel. Stahlfeder
(-n),/,, 8teel peu. Stahlfederfabrikation
(-,-en), /., illllllllutaeture ot »teel pell».
Stamm (-ses, "e),,n,, ru,eu, »W2, stam-
men, «lißillkte, lllil troill.
de8k. tion, stell», — stellvertretend,
stellvertretend; e Vorsitzende, «,,
viek'prezicllüit n»' etiuirinklii, Stempel
(-3, ), m,, 8t»inp. Stempelmarke (,-n),/,,
»wnip, Stenograph l-en, en), m., 8t«noß
r«.ririßr, Stenographie (,-en), /., 8ten,ß
r»pb.. stenographisch, in skurt banä.
sterben (a, 0), s,, äi«, stetig, 8t«2d,
eon8tlnt, stet3, lllv»». Stettin (-3),,»,,
8t«ttiil. Steuer (-,-»),/,, wx. Steuerappa-
rat (e3,-e), in., »weriuß l»z)pär8,tu». s,,
8wn! 8tiilI,
Stimmberechtigung, /,, «leotiv«
tr8,nolii8«. Stimme (-,-n),/., vci«ß. stimmen, a,ßres, »«««orä, vot?, Stimmenmehrheit (-,-en), /., ui».
orit ot vute8, Stimmrecht (-»13,-e), »,,
8utkr«lßt. Stimmung (,-en),/,, duiuor,
8pir. it«, teuäeno, Stirn (,-en),/,,
tcrede»ä, Stockfisch (-es,-e), m,, 8»1teä
»-ärie1
Ü8U,
Stockwerk (-Iel3,-e), »,, 8tcr (ot »
duiläiuß), Stoff (-Iel3,-e), m., muteri»!,
»tn2. stöhnen, z;rc»u.
u. — und.

übel, dllä, ronZ,
Übelstand (.leiste), m,, evil, tnult,.
üben, Kxsrei»«, ex««uts, zr»oti8ß.
über, ov«r, kldnut, mormtiuß to,
überall, KvervQkrs.
Überbleibsel (s,-), «., r«Ii«,
Überblick (sel2,-e), n,,, »nrve, »um
überdrüssig, vr, sinlli,
Übereinfuhr (,-en), /., over im portk-
tion, überein'lauten, »r««, llbereinstim-
men, Kgr««. überfillgeln, outäo, sxosl.

überflüssig, 8up«rtwou8, überfluten,
tlooä, Überfracht (-,-en), /., ovsr.trsißdt,
cv«r-weißiut, überführen, eonviot.
Überfüllung (,-en),/,. »urteit, ßlut. Über-
gang (-sez, "e), n»,, p»88s,ßß.
überschreiten (überschritt, über-
schritten), exoeßä,
Überschuß (,,.sses, sse), m,, 8ur rIU8,
tX0«88.
überschwemmen, ovßrtlov?, äeluß«?,
überseeisch, ti-Kimm-ins, tr»n8»

l2,llti«. übersehen (a, e), 8e«, e8timllte,
übersenden (übersandte, übersandt),
8ßuä, tiÄll8mit. übersetzen, p»,88 over.
Übersicht (,-en),/,, 8)'8wm. Über-
siedeln, s, iminißrlltl!, eiuißrllte, über-
strahlen, »diu? ov«r. übertragbar,
tr»ll8tlr»dle, übertragen (u, a),
trän8eridß, po8t, ekä«, transter. übertre-
ffen (übertraf, übertroffen»,

Sx««I, 8UIM88, «xeepä, übervorteilen, overre»on, tetr»ul, enellt.

CPSIA information can be obtained at www.ICGtesting.com
Printed in the USA
BVOW07s1821090514

353095BV00008B/213/P